JN417978

음악회에서 만난 아버지

青海
강대식 수필집

책을 내며

문학을 이해하며 글을 쓴다는 것이 참으로 어렵다. 어깨너머로 배운 실력으로 문학의 깊이를 깊게 통찰하고, 좋은 글을 창작한다는 것이 버겁다. 끊임없이 공부하고 배우며 주제를 가지고 몰입할 정도가 되어야 하는데 늘 시간에 쫓긴다는 핑계로 설렁설렁 흉내만 내고 있는 것이 아닌지 가끔 뒤돌아서서 후회한다. 그러다가 다시 글을 쓰면서도 그 후회했던 순간을 다시금 망각하고 평소와 다름없는 글을 쓰고 있다. 이쯤 되면 좋은 작품을 쓸 수 있는 자질이나 실력이 부족한 것임이 분명하다.

글을 한 편 써 놓고 수십 번 읽어보며 다듬어 최상의 작품을 발표하려고 애쓴다는 작가들을 보면 존경스럽다. 그런 작가정신이 필요한데 그러지 못하고 있으니 글을 써도 세상에 당당하게 펼쳐 보이지 못하는 것 같다. 다작이 아니라 대표작이라 할만한 최고의 명작 한편을 위해 고민하고 노력하는 것이 진정한 작가일지도 모른다. 나는 그런 노력을 해왔는가? 자문해 보면 부끄럽다.

4년 만에 내놓는 수필집이 타성에 젖은 미사여구만 가득한 글이라는 비판을 받을지 모른다는 두려움이 생긴다. 시간이 지날수록 글을 쓰는 것이 어렵고 소재를 찾는 것도 힘에 겹다. 긴 안목으로 좀 더 내실 있고 문학성 있는 작품을 써야 한다는 생각이 오히려 작품을 쓸 동기부여를 하지 못하고 있다.

욕심부리지 말자고 스스로 위로해 본다. 이제 육십이니 새로운 세상을 다시 배워야 할 초년생이나 마찬가지이다. 하나를 끝내면 다시 시작할 하나가 생기기 마련이다. 그 새로움을 위하여 마음가짐을 다잡아 본다.

2022년 8월

藝潭村 淸香堂에서

青海 강대식

이야기 하나

슬로우 청산도

이야기 둘

원정리 느티나무

이야기 셋

판시판의 기적

이야기 넷

음악 찻집에서

이야기 다섯

중앙탑에 뜬달

이야기 하나

슬로우 청산도

슬로우 청산도

4월 출사를 섬으로 가기로 정했다. 목적지는 영화 '서편제'로 유명해진 '청산도'다. 청산도의 봄은 언제나 싱그러움과 설렘이 있다. 완도에서 첫배를 타려면 집에서 0시에 출발해야 한다. 청주에서 완도까지 다섯 시간이 소요되는 것을 고려하면 어쩔 수 없는 일정이다. 완도에서 아침 여섯 시에 출발하는 첫배를 타려면 여유가 없다. 한밤중 오롯이 야행夜行을 강행했다. 모두가 잠자리에 들거나 잠을 청할 한밤중에 야행을 떠나는 것은 시간을 절약하기 위해서다. 아침에 출발하게 되면 한낮 시간을 모두 길 위 차 안에서 보내야만 한다. 조금 피곤하고 힘들어도 시간을 낭비하지 않기 위해 늘 한밤중 야행을 떠나는 계획을 세우다 보니 이제는 몸이 익숙해졌다.

완도 선착장에 도착하니 청산도의 노란 유채꽃 물결을 갈망하는 상춘객들 수백 명이 배를 타려고 길게 줄지어 섰다. 배표를 발권할 때 철저하게 신분증을 확인하더니 탑승할 때도 표와 신분증을 다시 확인한다. 전에는 어느 섬에 들어가든 헐렁하게 관리했는데 세월호 참사 이후 많이 달라진 모습이다. 그런데 이 많은 사람을 태워도 되는 건지, 배가 견딜 수 있는 정도인지 걱정이 된다. 완도에서 청산도까지의 거리는 약 20km라고 한다. 청산 아일랜드호는 수백 명의 사람과 수십 대의 차량을 싣고 유유히 바다를 헤쳐나갔다. 배의 크기와 실린 화물과 사람들의 숫자를 고려하면 더디게 갈 것으로 생각했는데 바다 위를 달려서 그런지 속도가 제법이다. 육지라면 차로 시속 60km로 달려도 20분이면 갈 거리지만 바닷길로 달리니 시속 24km약 13노트 정도이다. 그러고 보니 차를 타고 시속 24km의 속도로 다녀본 기억도 별로 없다. 천천히 달리면서 바닷바람을 맞는 것도 색다른 기분이다. 시원하게 얼굴에 부딪히며 사라지는 바람만큼 파도도 내달린다. 시원한 바람과 포말이 부서지는 바다는 언제나 신선하고 기분을 상쾌하게 한다. 속도 경쟁에 이골이 난 삶에서 빠른 속도가 생존의 승자를 결정한다고 믿었다. 그러나 되돌아보면 빠른 것이 능사는 아니었던 것 같다. 조급해하는 마음속에서 놓친 것이 삶의 변곡점에서 마이너스로 작용했던 것이 어디 한두 번인가. 이런 한가로운 여행길의 속도도 삶에서는 중요하다. 빠른 것만큼 천천히 나아가는 길도 삶에서는 꼭 필요한 선택이다. 나를 돌아보고, 이웃을 돌아보고, 주변을 돌아볼 수 있는 여유는 빠른 일상에서는 좀처럼 찾아내기 힘들다. 여유롭고 한가하다고 느낄 짧은 시간 속에서 자신을 뒤돌아볼 수 있는 짬이 생길 때 생겨나는 것이다.

청산도 도청리에 배가 닿았다. 배에서 내리자 청산도靑山島라고 쓴 한반도 지형 모양으로 제작된 안내판이 제일 먼저 반긴다. 여기서부터는 느림의 풍경을 느끼며 걷는 슬로우slow 길이 시작됨을 알려준다. 청산도 방문이 처음은 아니다. 몇 년 전에 와 보았을 때와 현재의 풍경은 크게 변하지 않았다. 청산도는 서두르며 여행할 관광지가 아니어서 재촉하지 않아야 한다. 한적한 섬마을의

고즈넉하고 아름다운 풍경을 제대로 감상하려면, 발걸음을 작게 하고 걸어야만 한다. 고개를 좌우로 열심히 돌려보아야 왜 청산도에 왔는지 실감할 수 있고, 먼 길을 달려온 노고에 대한 보상을 얻을 수 있다. 높고 큰 건물이 존재하는 것도 아니다. 울산바위처럼 웅장한 바위산도 없다. 바다로 둘러싸여 있지만, 제주도처럼 낙차 폭이 큰 폭포나 용두암 같은 바위가 해변에 널린 것도 아니다. 해수욕장이 그림처럼 펼쳐져 있고 완만한 해안선이 유유자적하도록 유혹한다.

당리 마을로 향했다. 마을 입구 고분古墳에서 시작되는 돌담과 노란 유채밭 물결은 청산도의 대표 브랜드가 되었다. 영화 '서편제西便制'에서 '유봉'과 딸 '송화가'가 진도아리랑을 부르며 내려오던 5분 30초 영상에 얼마나 많은 관객이 감탄을 하였던가. 짧지만 관객의 뇌리에 선명하게 아로새겨진 영상의 발자취는 청산도를 꼭 보아야 할 섬으로 만들어 버렸다. 그리고 해마다 4월이 되면 많은 사람이 그 현장을 직접 보고 느끼고자 청산도로 몰려온다. 영화 속의 주인공이 되고 싶은 사람은 남녀노소가 따로 없다. 각자의 감흥에 젖어 각자의 포즈로 아리랑의 선율을 떠올리며 걸어보는 것이다. 사람들은 자신이 영화 속 주인공이 된 듯 돌담길을 걷는다.

돌담 위에 놓인 스피커를 통하여 영화에서 불린 진도아리랑이 애처롭게 흘러나온다. 나도 유채꽃의 화려함을 느끼며 진도아리랑을 흥얼거리며 천천히 걸어보았다. 이 순간만큼은 생활전선에서 살아남고자 발버둥 쳤던 것을 모두 것을 잊어버리고 싶었다. 마음을 비우니 편안하고 개운하다. 유채가 넘실대는 노란 꽃물결과 향기 그리고 멀리 내려다보이는 도락리 해변의 평화로운 풍경은 덤이다.

당리마을을 감싸고 도는 당리산성 위로 걷다 보면 또 다른 매력에 빠진다. 새로 복원된 당리산성은 높이 2m에 폭 2m 남짓으로 크지 않은 돌담 같은 산성이지만 멀리 범바위와 산성 아랫마을을 살펴볼 수 있고, 부흥리나 신흥리 등지로 나아가는 도로와 연결된다. 어디를 가나 청산도는 빠른 걸음걸이가 필요하지 않다. 구들장 논이나 다랑논, 상서돌담마을 그리고 상산포 해변으로 가보아도 급하게 움직일 곳이 없다. 시간과 노닥거리며 주변의 사물과 대화하며 걷다 보면, 어느새 목적지에 도착해 있다. 섬 특성상 논이 많지 않은 곳이라 다랑논은 쌀농사를 지었던 장소로 이곳에서는 중요한 농토였을 것이다. 물을 쉽게 빠지지 않도록 고안하여 만든 구들장 논은 선조들의 지혜가 숨은 중요한 농업 유산이기도 하다. 누가 논바닥에 구들장을 깔 생각을 했을까. 조상들의 삶의 지혜가 이런 세심한 곳에까지 이르렀음에 감탄한다. 이런 시설들은 차를 타고 다니면 만날 수 없는 것이다. 발품을 팔며 다녀야 만날 수 있고, 그래야 한 번 더 느낄 수 있다.

육지에 살면서 느끼지 못했던 한가함을 누린다. 다시 육지로 돌아가면 이런 한가로움을 느끼지 못할지도 모른다. 마음의 여유를 가지고 천천히 걸어볼 기회가 늘 주어지는 것이 아니기에 한적하고 여유로운 이 발걸음이 기분을 좋게 한다. 따뜻한 햇볕과 시원한 바람도 함께하니 금상첨화錦上添花다. 청산도는 천천히 걸으면서 풍광을 즐기는 섬이라고 하니 이 섬의 특색에 맞는 발걸음으로 보폭을 조절해 보려고 한다. 육지는 아직 완두콩을 심지도 않았는데 이곳에서는 벌써 꽃이 피었다. 바람에 흔들리는 보리도 누렇게 색을 바꾸고 있다. 마늘의 몸통은 이제 수확기에 접어든 것처럼 포동포동하게 살이 올랐다. 자연의 시계는 육지보다 빠르게 나타난다. 따뜻한 남쪽 공기를 바람이 품어 날랐기 때문

이다. 그렇다고 마음이나 발걸음이 빨라질 필요는 없을 듯하다. 바쁘게 육지로 나가는 배편을 알아볼 필요도 없고, 달리 누가 기다리지도 않는다. 오롯이 혼자여도 이런 때에는 편하고 즐겁다. 눈치를 줄 사람도 볼 이유도 없다. 쉴 장소가 필요하면 그냥 주저앉으면 쉼터가 된다. 이보다 더 편하고 행복한 여행길이 어디에 있겠는가. 늘 빨리 빨리에 익숙해진 생활 습관을 오늘은 버려보자. 느리다는 것이 삶에 있어 얼마나 큰 힘을 충전시킬 수 있는지를 느껴보는 거다. 단적으로 설명하기는 어렵지만, 무엇인가로부터 탈출과 반복되는 재촉을 벗어나는 기회도 만난 것 같다.

더 소중하게 느끼는 오늘을 만들어보려고 느리게 더 느리게 거북이걸음을 걸어본다. 아름답지 않은가. 시간을 멈추어 버리고 싶은 곳 청산도에서 시간을 멈춘 것 같은 발걸음으로 느껴보는 여유. 섬으로 떠나는 특별한 여행이고 추억이다.

봄을 맞으며

4월이 되니 여기저기 꽃들이 만발이다. 따뜻한 바람에 일찍 꽃을 피웠던 목련과 벚꽃이 꽃잎을 떨구자 기다렸다는 듯 명자나무를 비롯하여 제비꽃, 가침박달, 삼지구엽초, 조팝나무, 장미 등이 경쟁하듯 정원의 푸르름을 가득 채운다.

지난겨울은 여느 해보다 추웠다. 추워도 그냥 추운 것이 아니라 온몸을 떨며 따뜻한 방안을 찾아다녀야 할 정도였다. 지구 온난화로 겨울이 자꾸만 따뜻해지면서 이제 한반도의 날씨도 아열대로 변하지 않을까 걱정이다. 따뜻해지는 수은주의 반복된 상태는 겨울이 되어도 춥지 않을 거라고 믿게 한다. 그런 믿음은 별다른 겨울 채비를 하지 않아도 되는 것처럼 오판하게 한다. 그러나 성큼성큼 큰 걸음으로 다가온 이번 겨울은 추위의 크기가 달랐다. 삼한사온三寒四溫의 사자성어四字成語를 넘어트렸고, 경험하지 못했던 추위를 선물했다. 예고되지 않은 시련을 견뎌야 하는 추위에는 사람이나 초목草木이나 모두 불만이다. 수도계량기 동파凍波 우려에 열선을 두르고도 마음이 놓이지 않아 수건이며 스티로폼을 채워 넣었다. 수도계량기가 얼었다가 녹으면서 파손되는 바람에 사무실이 한겨울에 10cm가 넘을 정도로 물이 차올라 출렁대던 모습은 다시는 경험하고 싶지 않은 일이다.

갑작스럽게 몰려왔던 한기寒氣로 여기저기 동상凍傷을 입고 얼어 죽은 나무들의 흔적이 보인다. 미리 대비하여 나무둥치를 보온재로 감아 주었다면 저렇게 처참하게 얼어 죽지는 않았을지 모른다. 힘들여 가꾸어 왔기에 서운하고, 좀 더 신경을 썼더라면 하는 마음에 아쉽고, 다시 대체 목을 가져다가 바꾸어야 하기에 한숨이 난다. 모든 것이 노동이다. 힘을 써야만 가능한 일이다. 몸으로 하는 일에 익숙하지 못한 나는 몸으로 해결해야 할 일들이 생기면 일을 하기도 전에 온몸이 다 쑤시는 것 같은 기분이 든다. 조금만 힘든 일을 하고 나면, 몇 날 며칠이 괴롭다. 무릎이 아프고 허리 어깨는 쑤셔댄다. 아무리 쓰지 않았던 근육을 썼다고 해도 이 정도면 농촌에서 하루 품삯을 받으며 일할 체력도 되지 못한다. 매일 힘든 농사일을 하고 거뜬하게 다음날 다시 들판으로 향하는 시골 사람들의 체력이 부럽다. 밥을 적게 먹는 것도, 영양가가 떨어지는 음식을 먹는 것도 아닌데 농부들이 힘을 쓰는 만큼 왜 나는 힘을 쓰지 못하는지 모르겠다. 농부들은 겨울이 다 가기도 전에 논밭을 갈고 거름을 펴내며 농사 준비를 한다. 같은 마을에 살며 매일 바라보는 그들의 바쁜 걸음걸이가 오히려 부럽다. 새로운 준비는 희망의 기회이다. 희망이 있다는 것은 투자할 만한 가치가 있다는 것을 의미한다. 그것이 가족의 생계를 위한 돈벌이든, 더 많은 농산물을 수확하기 위한 기술이든, 자신이 목표로 하는 것을 성취할 표적이 있다는 것이 중요하리라. 그런 그들에 비하여 매일 차로 출퇴근하며 사무실에서 컴퓨터로 일하는 정신노동자의 삶은 땅을 만지며 살아가는 사람들의 눈에 맹탕 같은 존재로 각인될지 모른다. 그렇게 인식되는 것이 싫다. 농촌에 터를 잡은 지 벌써 14년이라는 세월이 흘렀는데 맹탕 같은 존재로 비춰줘서야 체면이 서겠나 싶다.

겨울을 견디지 못하고 떠나간 나무가 아깝기는 하지만 봄이라는 존재의 힘은 너무나 크고 희망적이다. 봄은 암울했던 마음도 희망으로 바꾸어 놓는다. 어려운 일도 술술 풀릴 것 같은 포근함과 겨울 동안 받았던 스트레스를 향기로운 꽃향기로 날려버리는 힘도 있다. 삭막한 사막에 버려졌을 것 같은 마른 나뭇가지에도 새순을 돋게 하고, 힘겹게 겨울을 이겨낸 새들에게는 가정을 꾸리고 자기 대를 이어갈 후손을 길러내기 위한 계절이 다가왔음을 알려준다. 새들의 울음소리는 구애求愛를 위한 것이든 새로운 세상을 만났음을 경축하는 것이든 생기가 있고 아름답다. 뒷산에 오르면 꿩들도 요란하게 수풀을 헤치며 날아오른다. 여기저기 꿩들이 요동치는 것을 보면 필시 이곳도 꿩들에겐 사랑을 속삭이기에 좋은 장소인가 보다. 딱따구리도 열심히 나무를 쪼아댄다. 부리로 나무를 쪼아대면 머리가 흔들릴 것도 같은데 시작하면 온종일 쉬지도 않는 것 같다. 얼마나 깊은 구멍이 필요하기에 저렇게 구멍을 요란하게 뚫으려고 하는지 궁금하지만, 어느 시점에 가면 소리가 멈춘다. 집이 완성되었다는 신호다. 엉성하게 집을 짓는 산비둘기의 푸드덕거리는 날갯짓은 지나치게 사치스럽다. 다른 새들이 비밀스러운 공간을 만들고자 소리소문없이 집을 지으려고 하는데, 산비둘기는 그런 조바심마저 없다. 몇 번 날아가는 모습을 보면 금방 집을 찾을 수 있다. 오히려 산까치가 짓는 집이 더 은밀하다. 봄은 이렇게 새들이 집을 짓고 자기 유전자를 이어가고자 분주한 계절이다. 세상에 살고자 나오는 것이 새들만이 아니기에 새들은 더 바쁘다. 경쟁자나 포식자도 의식해야 한다. 많은

먹이가 존재해야 새끼를 기를 수 있기에 짧은 봄이 가기 전에 몸을 혹사해서라도 어미 새는 부지런히 움직인다.

수줍게 바위 뒤편에 웅크린 오랑캐꽃의 자주색 꽃잎이 곱고 진하다. 작고 앙증맞아 오래전부터 사람들로부터 사랑받았고, 시골에서 자란 사람에게는 추억 한 조각 정도는 풀어내 줄 꽃이다. 번식이 강하다는 이유로 천대받기 일쑤다. 어떤 것은 귀하게 보호받으며 정원을 차지하는데 흔하다는 이유, 꽃이 작다는 이유만으로 꽃의 아름다움이나 존재의 가치에 대한 평가 없이 귀찮은 존재쯤으로 치부되는 것이 아쉽다.

봄꽃이 지천으로 펼쳐진다. 묵은 때를 벗기고 하얀 속살을 맞이하는 기분이다. 마음속에 켜켜이 쌓인 지난 1년의 스트레스도 이참에 씻어버리리라. 힘들고 어려웠던 2020년에 쌓인 노폐물의 높이를 가늠하기 어렵지만 어쩌랴. 신선한 초록의 싱그러움과 향긋한 꽃향기로 씻어 낸다면 태산泰山인들 두려우랴. 그리고 깨끗하게 몸단장하고 봄을 맞이하자. 여기저기 화장化粧으로 덧칠은 하지 않더라도 맑고 환한 미소 한번 얼굴에 그리며 눈웃음으로 인사를 주고받으며 '살아 있노라!' 외쳐보는 거다. 파릇한 풀꽃 향내가 어우러진 봄을 맞으며…….

지구의 반격

연일 불볕더위에 숨이 막힐 지경이다. 일찍 시작한 장마는 칠월이 다 가기도 전에 끝나버렸다. 열돔heat dome에 갇힌 우리는 한증막에 앉아 있는 것만큼이나 강한 찜통 속 더위를 마주하고 있다. 아침부터 섭씨 30도가 넘는 열기가 코끝으로 치밀어 오른다. 한낮에 밖으로 나가는 것도 큰 용기가 필요하다. 예전 같으면 더위가 한층 무르익을 시기인데, 지금의 날씨는 예년의 가장 더울 때 기온이다. 지구의 날씨는 점점 종잡을 수가 없다. 예전의 날씨는 사라지고 예측하기 어려운 돌발성 날씨가 전 세계를 강타하고 있다. 왜 이처럼 변덕스러운 날씨로 이어지는 것일까. 학자들은 환경파괴가 그 주요 원인일 것이라고 분석한다.

지구는 약 45억 년 전에 생성되었다고 한다. 그리고 선캄브리아시대에서 고생대와 중생대 그리고 신생대를 거쳐 현재에 이른다. 지구상에는 주기적으로 4번에 걸쳐 빙하기와 18번의 간빙기가 출현하였고, 약 2만 년 전 '최종 빙기 극성기'를 지나 오늘에 이르렀다. 지구상에 최초 인류가 출연하여 살아갈 즈음,

자연에 순응하는 방법으로 적응해 나갔다. 그러나 18세기 산업혁명이 시작된 이후 석탄이나 석유와 같은 천연자원의 사용이 엄청나게 증가하였다. 증기기관이나 내연기관과 같은 새로운 에너지원의 이용으로 교통 및 산업이 발전하면서 그 과정에서 뿜어져 나오는 환경 오염물질이 조금씩 지구에 영향을 주기 시작한 것이다. 겨우 삼백 년 시간이 흘렀을 뿐인데, 인간은 지구의 많은 부분을 회복하기 불가능한 정도로 파괴하였다.

새로운 농토를 확장하기 위해 지구의 허파라고 불리는 아마존 열대우림지역은 해당 국가의 방관 속에서 불에 타 없어지고 있다. 2021년 6월 브라질 국립우주연구소INPE가 발표한 자료에 따르면 전체 아마존 열대우림 가운데 브라질에 속한 '아마조니아 레가우Amazonia Legal'에서 지난달 관측된 화재는 2,679건이라고 한다. 이는 2020년 5월 1,798건보다 49% 늘었고, 역대 5월 평균치 1,991건과 비교해도 34.5%나 많다고 한다. 이러한 형태의 파괴는 볼리비아, 페루, 칠레, 아르헨티나도 규모는 작지만 비슷한 양상이다. 이런 추세라고 한다면 멀지 않아 열대우림이 황폐해지고, 그로 인해 지구의 환경은 누구도 예측하지 못한 상황으로 치달을 수 있다. 이는 재앙이다. 농토를 만들기 위해 열대우림을 태워버리는 일은 단순하게 농토를 얻는 것에 그치지 않는다. 불에 타면서 발생하는 일산화탄소는 아마존 숲에 머물던 이산화탄소와 함께 대기 중으로 흩어져 지구 오존층에 구멍을 낼 것이다. 이는 우리 건강에 악영향을 미칠 뿐만 아니라 기후환경에도 영향을 주리라.

우리는 그동안 아무런 위기의식 없이 쓰레기를 배출하였고, 소각하기도 했다. 매일 사용하는 플라스틱은 토양오염은 물론 미세플라스틱 조각으로 변해 해양생태계에 영향을 미치고 있다. 매년 수백만 톤의 플라스틱이 강이나 바다로 흘러 들어간다. 바다에 떠다니던 플라스틱 알갱이들을 섭취한 물고기나 어패류, 해조류 등 수산물은 순환 고리를 통해 다시 인체로 흡수되기에 인간의 건강도 위협받을 위기에 놓였다. 그러나 이런 정도의 위협은 지구의 반격이라고 할 수도 없다.

1976년 7월 중국 허베이성에서도 규모 8.3의 강진으로 255,000명이 사망하였고, 2003년 이란 남동부 '밤시' 및 '케르만 지역'에 규모 6.6의 지진이 발생하여 26,000명이 사망했다. 2005년 파키스탄 '카슈미르'에서는 규모 7.6의 지진이 발생해 8만 명이 사망하였고, 2008. 5. 12. 중국 '쓰촨성' 지역에 규모 7.9의 지진이 발생하여 87,000명이 사망하였다. 2010년에는 '아이티'에 규모 7.0의 지진이 발생하여 200,000명이 사망하였으며, 2011에도 진도 9.0의 지진이 '동일본'을 강타하여 19,575명이 사망하는 최악의 피해를 보기도 했다. 불의 고리에 속한 환태평양조산대 지역을 중심으로 한 지역에서 지진의 규모가 높아지고 있으며, 빈도가 자주 발생하는 것도 환경재난의 적신호가 되고 있다.

2019년 6월 발생한 오스트레일리아 밀림 산불은 오스트레일리아 전역으로 번지고, 2020년 1월 14일 기준으로 산불은 약 18,626만 헥타르의 땅을 태웠다. 5,900채 이상의 건물을 파괴했으며, 10억 마리 정도의 동물들이 사망하였다. 그로 인해 일부 멸종 위기 동물은 멸종 위협에 놓였다고 한다. 또한, 미국 태평양 연안 북서부 지역과 캐나다에서 '열돔 현상Heat Dome'으로 인한 불볕더위가 이어지며 6월 28일 오리건주 포틀랜드는 기온이 46.6℃까지 올랐고, 캐나다 서부 브리티시컬럼비아주 리턴의 최고기온은 섭씨 47.9℃까지 치솟아 100년 만의 폭염과 자연 발화된 화재로 마을이 초토화되었고 한다. 우리나라에서도 2000년 4월 7일 강원도 고성군 토성면 학야리에서 발화한 산불이 4월

15일까지 강원도 고성군과 삼척시, 동해시, 강릉시, 경상북도 울진군 일대의 산림 23,794헥타르를 태우고 850여 명의 이재민을 발생시킨 것을 보면 환경 재난은 어디에서나 일어날 수 있는 여건을 가지고 있는 것으로 보인다.

지진이나 산불 못지않은 위협은 물 폭탄이다. 2021. 6. 17.부터 전 일까지 중국 허난성 정저우郑州에 617.1mm의 비가 내려 도시를 집어삼켰다. 정저우의 연평균 강우량 640.8mm에 근접한 비의 양이다. 16일에는 한 시간 동안 무려 201.9mm가 쏟아졌다고 한다. 이러한 비의 양은 강우량 기록을 시작한 지난 60년 관측 사상 최대치이며, 천년에 한번 볼 법한 강우량이었다고 한다. 이에 따라 장저우의 3개 댐이 붕괴 되었으며, 도로는 거대한 수로로 변했다. 지하철이 침수되고 거리에는 미처 피하지 못한 수많은 차량이 물살에 휩쓸려 낙엽처럼 둥둥 떠다니는 모습이 지구 최후의 날을 보여주는 것처럼 무서웠다. 중국에서는 2020년에도 싼샤三峡댐 상류에 대홍수가 발생하여 댐이 붕괴가 될지 모른다는 위기감에 놓이기도 했는데, 매년 이런 현상이 되풀이된다면 댐의 하류 지역에 사는 사람들의 생명을 안전하게 보호할 대책이 강구되지 않으면 아니 되리라.

점점 지구도 인간에게 경고를 보내기 시작했다. 인간이 기대하는 자정 능력으로는 자신을 지키기 어렵다고 본 듯하다. 인간에게 풍요를 선사해 주었던 모습에서 벗어나 이제는 자신을 지키려고 애쓰는 형상이다. 지구의 땅속 깊은 곳을 뚫어 필요한 것만 탐하는 인류에게 좌시하지 않겠다고 경고하는 거다. 이러한 지구의 경고를 무시하면 우리는 자칫 다시는 돌이키기 어려운 종말을 맞이할지도 모른다. 그만큼 현재의 지구는 순한 양이 아니라 언제라도 맹수로 돌변할 수 있는 인내忍耐의 한계 경계선에 서 있는 듯하다. 겨우 300년 만에 인류는 너무나 큰 과오를 범하여 돌이키기 어려운 심각한 문제를 던져주었다. 우리 후손들에게 부끄러울 수 있는 현실에서 이제 우리 스스로 지구를 지키고 보듬으려는 노력을 기울여야 할 때다. 스스로 오염원이 되지 않기 위하여 노력해야 하고, 배출되는 쓰레기를 줄이며 일회용품 쓰기 자제나 탄소배출을 억제할 수 있는 최소한의 노력은 해야 한다. 더는 지구의 화禍를 돋우는 행위도 없어야 한다. 지구가 살아야 내가 사는 것이고 우리 후손들이 살아가는 것이다. 차분하게 그리고 앞으로 긴 세월을 차분하게 생각하며 현재 우리가 누리는 이 풍요가 망쳐지지 않도록 자신을 뒤돌아보며 미래의 시간을 감사한 마음으로 기다려야 한다. 영원하지 않을지라도 영원할 수 있도록…….

제주 곶자왈 탐방기

곶자왈은 제주도 방언으로 '곶'과 '자왈'의 합성어다. 곶은 바다 쪽으로 좁고 길게 내민 땅이라는 뜻도 있지만, 제주도 방언으로는 '숲'을 의미하고 '자왈'은 '덤불'을 말한다. 그러므로 '곶자왈'이라고 하면 '숲'과 '덤불'이라고 보면 되는데, 보통 제주도에서 화산활동 중 분출한 용암류가 만들어낸 불규칙한 암괴지대로 숲과 덤불 등 다양한 식생을 이루는 곳을 말하는 것이다. 곶자왈에는 암괴들이 불규칙하게 널려있는 지대에 각종 나무와 '덤불'이 서로 엉켜 하나의 숲의 형태로 자리한다. 그런 특성 때문에 농사를 짓기가 어려워 오랜 시간 자연 상태계 그대로 방치되어 왔기 때문에 오히려 다양한 동·식물이 공존하는 독특한 생태계가 유지되고 있다.

제주 곶자왈은 면적이 1,546,757㎡이고, 자연공원법 제4조에 의하여 2011. 12. 30. 자연공원으로 지정되었다. 멸종위기 야생동식물 Ⅱ급인 개가시나무, 애기뿔소똥구리, 물장군, 조롱이가 서식하고 있으며, 노루, 오소리, 제주족제비 등 포유로 7종, 황조롱이, 꿩 등 조류 7종, 줄장지뱀 등 양서류와 파충류 6

종, 무당벌레 등 곤충류 160종이 어우러져 살아가고 있고, 역사문화자원으로는 석축시설 10기, 숯가마터 1기, 천연동굴(궤) 4개소가 있다고 한다.

곶자왈은 서귀포시 대정읍에 위치하는데 모슬포항에서 점심을 먹고 출발하면 해가 지기 전에 둘러볼 수 있는 매력적인 관광코스 중 하나이다. 탐방안내소를 기점으로 치유와 명상의 '테우리길'을 따라 좌측 전망대로 향했다. 전망대까지는 약 1km가 안 되는 거리로 20분 정도면 도착한다. 안내소부터는 나무데크로 좁은 길을 만들었다. 주변에 자생하는 다양한 나무들이 사람의 손때가 하나도 묻지 않은 양 구부러지고, 드러눕고, 넝쿨에 뒤엉켜 변형된 몸통을 그대로 드러내 놓고 자라고 있었다. 마치 정글 속을 들여다보는 느낌이다. 백송의 몸통처럼 나무 몸통에 흰 얼룩이 나타나 있는 육박나무와 해발 700m 이하의 산기슭이나 산골짜기에서 자라는 예덕나무, 난대림이나 계곡에서 자라는 종가시나무, 천선과나무, 낙엽 활엽 소교목으로 나무껍질이 적갈색을 띠며 가을에는 잎이 황색으로 변하는 소태나무, 상록활엽관목으로 제주도 특산종이고, 중산간 지역에서 자라며, 1월에 개화하고 향기로운 꽃향기가 일품인 팥꽃나무과의 제주백서향, 5월에 꽃이 피고 가을에 붉게 단풍이 드는 단풍나무가 길목을 지키고 있다.

갈림길에서 전망대로 향했다. 가는 길은 온통 덤불이다. 칡덩굴보다는 머루나 죽은 뒤낭(섬다래) 종류가 많다. 죽은 뒤낭은 우리나라 남해안이나 제주도에서만 발견할 수 있는 덩굴식물이다. 사람이 지나가는 데크 옆으로 길게 하늘로 솟아오르듯 줄기를 뻗었다. 곶자왈 전망대는 '테우리길', '빌레길', '오찬이길'이 만나는 곳에 있으며 약 15m 높이에서 곶자왈을 관찰하고 주변 경관을 조망할 수 있다. 네모지게 조망 탑을 만들어 놓았고, 계단을 통하여 오르면 약 4층 높

이 정도에서 360도 돌아가며 주변을 둘러볼 수 있다. 먼저 눈에 들어오는 것은 네모진 연못이다. 열심히 연못 속을 들여다보고 있는 백로는 먹이 사냥을 하는 것인지 자기 모습을 살펴보는 것인지 알 수 없지만 움직이지 않고 물속을 응시하고 있다. 곶자왈 너머 낮은 구릉과 마을도 보이고, 남쪽으로는 삼방산도 시야에 들어온다. 조금만 더 높았다면 바다가 넘실대는 모습도 볼 수 있겠다고 생각하니 아쉬움이 있다.

전망대에서 내려와 '빌레길'로 들어섰다. 빌레는 '너럭바위'의 제주 방언이다. 이곳 곶자왈이 지질 구조상 용암이 만든 넓은 뜰 또는 대지를 말하기 때문에 '빌레길'로 명명한 듯하다. 곶자왈의 중앙 부분을 가로지르는 지름길로 '한수기길'과 난대림, 온대림이 공존하는 지역이다. 개가시나무, 애기뿔소똥구리, 팔색조 등 멸종위기 야생동식물을 볼 수 있는 '오찬이길'과 만나는 지점까지는 약 1km가 안 된다. 길은 자연 상태 그대로 흙길이다. 좁은 오솔길 정도로 조성되어 겨우 사람이 스쳐 지나갈 정도로 좁다. 그래도 흙을 밟으며 걷는 것이 쉽지 않은 요즈음 흙길을 걸을 수 있다는 것도 축복이다. 해송곰솔, 아왜나무, 감태나무, 덜꿩나무, 삼동낭삼동나무, 곰의말채나무가 자라고 있으며, 곳곳에는 큰 나무를 일정한 크기로 잘라 그대로 놓아두었다. 아마도 자연현상으로 죽은 나무를 정리하여 자연 상태에서 썩어 없어지도록 그대로 놓아둔 것 같다. 버려진지 시간이 많이 흘러서인지 그 위로 덤불들이 자라고 있으며, 일부는 이미 주변에 식물이 자라 잘 보이지도 않는다. 숲길은 바닥에 돌들이 울퉁불퉁 솟아있어 걷는 내내 조심해야 했지만, 그늘이 드리워진 숲길은 뜨거운 햇살을 가려 그늘을 만들어 주고 숲에서 불어오는 시원한 바람 덕에 걷는 내내 기분이 상쾌해졌다. 서로 경쟁할 필요도 앞서가려고 하는 사람도 없다. 줄을 서서 걷다 보면, 뒤로 길게 줄이 늘어서고 조금 쉬고 싶으면 가장자리로 피해 길을 열어주면 된다.

'오찬이길' 보다 조금 짧은 구간인 '한수기길'을 택했다. '한수기길'은 용암 및 화산 지형 관찰을 통해 지질학습을 할 수 있는 장소이기도 하다. 얼마 걷지도 않았는데 '숨골풍혈'이 잠시 쉬어가라고 손짓한다. 숨골은 지표에서 지하로 뚫린 작은 구멍을 말하는데 '숨구멍'의 방언으로 풍혈風穴이라고도 부른다. 제주도의 독특한 생성 과정과 지질학적 특성 때문에 제주도에서는 숨골이 많이 발견된다. 작은 구멍에 손을 내밀면 바위 속에 선풍기를 켜 놓은 것처럼 시원한 바람이 불어온다. 길은 용암석이 흘렀던 그대로 울퉁불퉁하고 나무에는 덩이

식물이 친친 감고 올라간다. 공생인지 기생인지는 알 수 없지만 덩이 식물이 감고 올라오면 나무가 참 피곤하겠다. 주변에 많이 자라고 있는 양치식물인 가는쇠고사리와 왕초피나무가 햇살을 받으며 나른한 오후를 즐긴다. 나뭇가지를 V자로 키워낸 나무 사이로 길이 났다. 넉넉하게 가지를 벌린 탓에 거칠 것 없이 사람들이 드나들 수 있지만 가운데 나뭇가지 사이를 밟고 지나면 서러울지 모른다. 곳곳에 용암 협곡도 보인다. 완만한 용암대지에 계곡처럼 아래로 오목하게 꺼진 지형을 말하는데 작은 용암동굴의 천장이 밑으로 꺼지면서 생긴 자연적인 현상이다. 제주도에는 폭우가 많이 내릴 때가 있는데 그래도 쉽게 물에 잠기지 않고 물이 빠지는 것도 다 이런 용암 협곡이 물이 빠지는 통로 역할을 하기 때문이다.

누군가 길게 돌담을 조성해 놓았다. '숯굼빌레 길 돌담'으로 명명된 돌담은 오랜 세월 곶자왈을 지키며 비바람을 견뎌와서인지 돌마다 이끼가 자라고 있다. 언제 누가 조성했는지 알 수는 없지만, 돌담을 쌓았다는 것은, 누군가 이 숲에서 살았을 것이라는 생각을 해볼 수 있다. 돌담의 높이가 높지 않으니 도둑이나 침략자들을 방어하기 위한 수단이 아닌 듯하고, 길고 고르게 쌓아 놓은 것으로 볼 때 상호 간에 자신의 영역을 표시하기 위한 울타리 역할을 하게 한 것이 아닐까 하는 생각이 들기도 하는데 표지판에는 '1900년부터 1970년대에 숯가마가 성행할 때 목재와 숯을 운반하기 위해 길을 만들거나 확장할 때 석축된 것으로 추정한다'라고 적었다.

돌계단을 지나 구릉丘陵을 오르자 길 가장자리에 제법 굵은 여섯 개의 몸통을 키워낸 육박나무가 보인다. 바닥에는 나무 굵기만큼 굵은 나무뿌리가 건천으로 나와 손바닥을 땅에 올려놓은 것처럼 바닥을 쥐어 잡고 있다. 녹나무와 생달나무, 구실잣밤나무, 덩구슬나무의 표찰이 붙여진 구간을 지나면 다시 길게 나무데크로 길을 만들어 놓은 구간이 나타난다. 길게 일자로 뻗은 데크는 미지의 세계로 들어가는 공간처럼 끝이 가물거리기도 하다가 지그재그로 만들어 놓기도 했다. 편안하게 걸으며 주변의 나무를 본다. 참가시나무, 천선과나무, 섬다래, 예덕나무도 보이고, 새우란을 비롯한 섬사철란, 붉은사철란, 옥잠난초, 약난초 등 난초무리들이 자란다고 하는데 오솔길에 서서 둘러보아도 난초무리가 보이지 않았다.

앞서간 일행들이 보이지 않아 걷는지 뛰는지 알 수 없을 정도로 발걸음을 빨리했다. 곶자왈 본래 모습 그대로 볼 수 있다는 '가시낭길'을 포기하고 갈라지는 부분에서 '테우리길'로 접어드니 얼마 지나지 않아 탐방안내소가 보였다. 차가 떠나려고 하는지 빨리 오라고 손짓한다. 지는 해를 바라보며 버스에 올라 크게 숨을 몰아쉰다. 올레길을 걸었을 때와 같은 뿌듯함이 밀려온다. 얇은 운동화를 신었던 탓에 발바닥은 아프지만, 제주도에 와서 큰 깨달음을 하나 얻은 듯했다. 인간의 손으로 훼손하지 않고 보존할 장소가 있다는 것에 감사했고, 그런 장소를 직접 보고, 느꼈다는 점에서 여행의 묘미를 배웠다. 천년만년 우리 후손들에게 훼손되지 않은 지금 상태의 '곶자왈'을 남겨주었으면 좋겠다는 생각을 해 본다. 잠시 바라보고, 느끼고, 만져보다가 아무런 상처도 없이 고스란히 온전한 상태로 후대에 넘겨주어야 할 자연이다. 자연을 동경하고 존중하며 아끼는 마음으로 찾아갈 때 자연도 피곤함에 지친 우리의 심신을 치유해 주리라.

오창 학소리 버드나무

오창으로 이사한 지도 벌써 십수 년이 흘렀다. 호기심 반 무모함 반으로 시작된 전원주택 생활도 촌음寸陰처럼 십수 년이 스쳐 지나가 버렸다. 나는 진정 오창읍 사람이었던가. 돌아보니 나는 오창에 살고 있지만 정작 내 마음은 오창 속으로 녹아들지 못했나 보다. 오창이라는 마을이 주는 아늑함보다 늘 더 먼 곳만 응시하고 살았다. 고향을 떠나 온 이후 가장 오랜 시간을 산 마을이 원리임에도 오창을 제대로 느끼지도 못하고 알지도 못하는 반쪽짜리 읍민이었던 것이 부끄럽다.

2021년 경자년 새해 첫날이다. 새해가 밝으면서 새해 계획으로 내가 살고있는 오창에 대해서도 좀 더 관심과 애착을 갖자고 마음속으로 다짐했던 적이 있었다. 갑자기 몰아닥친 한파寒波에 정원의 소나무 가지마다 성에가 희미하게 붙어있다. 집안 세탁실의 배관도 얼어버릴 지경이다. 창밖을 보니 희미하게 여명黎明이 피어난다. 그동안 습하다가 추워졌기에 미호천 주변에 상고대가 피었을 거라는 생각이 들었다. 주섬주섬 방한복으로 무장하고, 카메라를 챙겨 학소리 버드나무 군락지로 향했다.

청주 시내에 살 때 간혹 고속도로를 따라 서울 방향으로 지날 때면 줄지어 늘어선 버드나무가 여명 속에서, 때로는 안개에 파묻혀 멋진 풍경을 연출했었다. 그 풍경을 볼 때마다 한번 꼭 가봐야지 하는 마음을 가졌었다. 그럼에도 그 풍경이 머릿속에서만 아른거렸지 직접 찾아가지 못했다. 가깝고도 늘 궁금했던 곳이고, 힘들이지 않고도 갈 수 있는 위치에 있었건만 출사지를 선정할 때면 선택에서 배제되었다. 어디로 가야 버드나무가 있는 곳으로 갈 수 있을까를 머릿속으로는 자주 그려보았다. 이런 생각을 가지고 있으면서도 나는 실행에 옮긴 적이 없다. 그만큼 무심했던 것인지 너무 가까이에 있어 소중함을 몰랐던 것인지는 알 수 없다. 삶의 보금자리를 오창 원리로 옮기고도 십여 년이란 시간이 흐를 때까지도 학소리 버드나무는 그냥 내 머릿속에 그려져 있는 몽환적인 풍경에 지나지 않았었다.

버드나무 군락지에 도착했다. 그야말로 딴 세상에 온 것처럼 환상적이다. 가지마다 눈이 시릴 만큼 상고대가 하얗게 붙어있다. 밤새 누군가 우유를 나무에 뿌렸나 보다. 우윳 빛깔처럼 너무나 하얀색이라 백설공주에 나왔던 마녀의 겨울성 같은 분위기다. 마녀가 나뭇잎을 모두 떨어트리고 한파寒波를 견디며 서 있는 버느나무 가지에 흰옷을 입혀 놓았는지도 모른다. 작은 가지 하나하나 빼놓지 않고 치장도 했다. 눈보다 더 흰 상고대의 투명한 흰색이 더 몽환적이다. 어느 화가가 이런 풍경화를 그려낼 수 있을까. 누구도 흉내 내기 어려운 마법 같은 풍경은 자연만이 만들어 낼 수 있는 능력이다. 버드나무 꼭대기 까치집도 하얀 이불을 덮었고, 추수를 마친 벼 밑동에도, 추수가 끝난 고랑에도, 하얀 상고대가 서리처럼 엉겨있다.

시간이 지나고 붉은 해가 솟아오르자 상고대는 눈물을 흘리기 시작했다. 하얀 나뭇가지가 조금씩 검은 속살을 드러낸다. 해맑게 웃던 아이의 얼굴이 무엇엔가 놀라 울음을 터트리는 것처럼 일그러진 모습이다. 예술가가 밤새 그려 놓은 몽환적인 설원의 풍경화를 시기심에 눈먼 악동惡童이 성냥불로 불살라 화선지畵宣紙가 타들어 가는 듯하다. 환하게 미소 지으며 솟아오르는 태양이 야속하다. 그렇게 순식간에 버드나무를 감쌌던 상고대는 사라져 버렸다. 얼음보다 더 시린 동장군冬將軍은 찰나의 순간 혼신의 힘을 다해 한 폭의 풍경화를 완성했건만 햇님은 햇살 몇 조각으로 아무 흔적도 남기지 않고 지워버렸다. 언젠가 다시 이처럼 아름다운 풍경화를 그려낼 수 있겠지만 비슷하게 그려낼 수는 있어도 똑같이 그려낼 수는 없을 것이다. 자연의 힘으로 잉태해 그려낸 한 폭의 풍경화는 심술궂은 햇살에 녹아 모두 사라져버려 영원히 아무도 모르는 비밀이 되어버렸다. 다행인 것은 그 예술작품이 희미하게나마 내 카메라 속에 기억되었다는 점이다. 비밀스러운 자연의 업적이 아무도 모르게 사라져 버린다면 얼마나 아쉬움이 크겠나. 그 찰나의 순간을 기록으로 남겨 놓을 수 있었다는 것이 행운이다. 그런 의미에서 보면 나와 조우한 버드나무의 관계는 인연이라 해도 좋을 듯하다. 훗날 다시 올 것을 기약하며 아쉬운 마음으로 돌아섰다.

그리고 몇 번 학소리 버드나무 군락지를 찾았지만 새해 첫날 펼쳐졌던 그 몽환적인 아름다움은 볼 수 없었다. 자연의 이치는 원한다고 거저 만들어지지는 않는다. 온도와 습도 주변 환경 등이 일체를 이루어야 가능하다. 그래도 희망은 있다. 상고대로 아른댔던 그 아름다웠던 겨울이 가고, 다시 겨울이 오면 다시금 버드나무가 흰옷을 입으며 너울대는 춤을 출지도 모르기 때문이다.

봄 햇살이 고운 날 학소리를 다시 찾았다. 새초롬한 새싹이 고개를 내밀며 생기를 주고, 머리카락 휘날리듯 싱그러운 가지가 바람에 춤을 춘다. 농부들도 인근 농경지에 씨를 뿌리고 농사를 시작했다. 버드나무 주변이 정리가 안 되어 있었는데 오창읍장으로 근무했던 분의 관심과 지원으로 말끔하게 주변이 정비되고 지저분한 잡목들이 제거되어 새롭게 보였다. 세상에 영원한 것이 없듯이 이 버드나무도 주민들이 관심과 애정을 가지고 보살피지 않으면 언젠가 역사의 뒤안길로 사라질 것이다. 이삼백 년은 묵었을 나무들이 인간의 사적 욕심이나 무관심으로 사라진다면 그보다 더 큰 낭패는 없으리라. 하여 이 버드나무 군락지가 보호수로 지정되었으면 하는 바램이다. 그나마 보호수로 지정되면 주변에서 농사를 짓는 사람들이 농삿일을 핑계로 나무를 훼손하거나 피해를 주는 일이 줄어들 것이다. 그리만 된다면 춘하추동 아름다운 버드나무 군락지가 뭍 사람들을 불러 모으고, 청주의 아름다운 명품 장소 하나가 만들어지는 것이다. 명품 장소에는 많은 작가들이 찾아오는 포토존으로 거듭나게 될 것이고, 글과 사진으로 청주를 알리는 명소가 될 것이라는 확신이 생긴다. 그런 보호받는 학소리 버드나무가 되길 빌어본다.

상당산성

7월의 마지막 날 상당산성을 오르기로 했다. 찌는 더위는 아침부터 기승을 부린다. 잔뜩 성이 났든지 더위가 꺾일 기세가 보이지도 않는다. 모두 숨을 헐떡이며 햇살을 피해 다니느라 바쁘다. 휴가철이지만 사람들의 모습도 별로 보이지 않았다. 더위에 산행을 나서는 사람이 오히려 이상할 정도로 폭염은 계속되고 있다. 날씨가 선선하고 쾌적할 때도 산행하지 않았는데 약속이 무섭긴 무서운가 보다.

상당산성 남문控南門 앞 광장에 도착했다. 맑은 하늘에 커다란 하얀 흰 구름이 남문 머리 위에 걸렸다. 드넓은 잔디밭과 성문 그리고 구름이 멋진 여름날의 아름다운 풍경을 만든다. 이렇게 미세먼지가 없는 날도 드문데, 하늘에 뜬 구름을 보니 마음이 한층 쾌적해지는 느낌이다. 사람이 모이는 곳은 코로나가 언제 옮을지 몰라 불안하여 거리두기를 해야 하는데, 탁 트인 산성의 풍경을 보니 마음이 시원하고 편안하다. 이런 기분을 느끼려고 너나없이 야외로 나가는가 보다.

남문 앞 잔디밭에 매월당梅月堂 김시습金時習 시인의 시비詩碑가 눈에 들어온다. 몇 번 오기는 했지만, 자세히 보지 않아 시비의 존재조차 몰랐다. 청주문인협회에서 세웠다는데 시비가 내 시야視野에는 이제야 들어왔다. 무관심은 아무리 좋은 것이 곁에 있어도 알지 못한다. 김시습은 조선시대 생육신生六臣의 한 사람으로 유명한 지조志操 있는 유생儒生이었다고 한다. 계유정난癸酉靖難 때 수양대군首陽大君의 왕위찬탈 소식을 듣고 보던 책들을 모두 모아 불사른 뒤 붓을 꺾고 스스로 머리를 깎은 후 출가하여 전국을 유랑하며 시를 지으며 생활하면서 최초의 한문소설인 '금오신화金鰲新話'를 저술한 인물로 잘 알려져 있다. 그는 왕위찬탈에 대한 분노로 왕명을 거역하면서도 당당하였고, 관직에 나가는 것 역시 포기하며 생활했다고 전한다. 자신의 목숨을 걸고 절개를 지킨다는 것에는 큰 용기가 필요하다. 누군들 자신의 목숨이 귀하지 않겠는가. 내가 그 위치에 있었다면 목숨을 걸고 충언을 이야기하고 있었을까. 올바른 말 한마디와 목숨을 바꿀 수 있는 사내라면 그보다 더 큰 대장부는 없으리라.

시비에 적힌 그의 '유산성遊山城'이라는 시가 있는데 전문이 이러하다.

芳草襲芒屨 꽃다운 향기가 신에 스미고,
新晴風景涼 맑게 갠 풍경 시원하기도 하여라

野花蜂唼蘂 들꽃마다 벌이 날아와 꽃술을 물고,
肥蕨雨添香 살진 고사리 비가 적셔 향기를 더하네
望遠山河壯 멀리 바라보니 산하는 웅장하고,
登高意氣昂 산성 따라 높이 오르니 의기는 드높구나
莫辭終夕眺 사양치 말고 저녁 동안 바라보시게,
明日是南方 내일이면 곧 남방으로 떠날 터이니.

이 시는 김시습이 상당산성을 다녀가면서 쓴 것이라는 설과 상당산성이 아니라는 설도 있지만, 시의 내용은 어느 산성의 아름다운 봄 풍경을 노래한 것이 틀림없다. 춘 사월 나그네는 남쪽을 향해 가다가 어느 산성에 들러 아름다운 산하를 보며 하룻저녁 아름다움에 취해보는 것도 좋겠다는 소회를 밝히고 있다. 정확하지 않다면 상당산성을 찾아와 지었다고 하자. 시의 품격이나 상당산성의 아름다운 풍광을 고려하면 상당산성과 잘 어울리는 시가 틀림없다. 봄이면 산성 입구에 벚꽃이 만발하고, 연분홍 진달래가 산자락에 흐드러지게 피어난다. 시인 문객들이 한 번쯤 산성을 찾아와 아름다운 봄 풍경을 보았다면 시 한 수 짓지 못했음을 후회할지 모른다.

남문 앞에 도달하였다. 상당산성은 둘레가 4.4Km에 이르는 포곡식 석축산성인데 처음 백제시대 토성으로 축성한 것을 조선시대 숙종 때 석성으로 개축하였다고 한다. 성은 수직에 가까운 성벽을 구축하고 안쪽에 토사를 쌓아 올리는 내탁공법內托工法으로 축조하였는데 이는 내부에서 군사들이 자유롭고 빠르게 성벽 곳곳으로 이동하며 방어를 할 수 있도록 하기 위함이라고 한다. 특히 성문 안에는 적이 침입했을 때 퇴로를 막아 바로 공격을 할 수 있도록 삼 면을 막은 작은 내성을 돌로 쌓아 놓았다. 이러한 성의 특징으로 볼 때 이 성의 목적은 공격이 아닌 방어를 위해 축성한 것이다.

성문 앞에서 성벽을 보니 성벽에 올려진 여장女墻과 미석眉石이 보인다. 미석은 성을 방어하기 위한 용도와 성벽을 보호하는 두 가지의 용도로 사용하기 위하여 만들었다고 한다. 미석은 힘을 가하면 성벽에서 이탈하도록 축조하였다. 이는 침략자들이 성벽을 기어오르며 손으로 붙잡았을 때 성벽에서 빠져버려 함께 뒤로 넘어지도록 고안한 것이다. 동시에 성벽으로 빗물이 흘러들지 못하도록 처마의 기능을 함께 가미한 것이란다. 그러므로 미적인 고려인 동시에 다양한 쓰임새로 성을 보호하고 성안으로 들어오려는 침략자를 방어하려는 기가 막힌 건축술이기도 하다. 이를 보면, 참으로 우리 선조들이 응용력은 물론 섬세하고 미적 조화를 이루는 건축술을 가지고 있었다는 점에 감탄을 금할 수 없다.

성문 위로 올라가니 밑에서 올려다보았던 느낌과는 전혀 다른 느낌이다. 광장은 한적하고 평온해 보였지만 저기 보이는 광장이 의미하는 것은 전쟁 시 침략자들의 일거수일투족을 바라볼 수 있도록 설계가 된 것으로 보여 가슴이 뭉클해졌다. 평시에는 한가하고 편안했던 것들인데 이런 성곽을 만들 수밖에 없었던 천년 전 우리 조상들의 힘겨웠던 생존방식이 애잔하다. 이 성을 축조하기 위하여 동원되었던 수많은 백성의 고달픔과 피와 땀이 있었기에 우리는 즐거운 마음으로 산책하듯 걷고 있다. 중국인들은 만리장성이 조상들이 남겨준 가장 큰 문화유산이라고 자랑한다. 만리장성이 있기에 이를 구경하려는 세계인이 찾아오는 관광명소가 되었고, 지구상에서 사라지지 않을 가장 커다란 구조물을 가지고 있다는 자부심 때문이다. 그러나 이를 축조할 당시 축성에 동원된 백성들이 흘린 피와 땀 그리고 수많은 생명이 사고로 사라졌다는 것을 생각하면 흡족한 웃음으로 자랑할 것도 못 된다. 누군가의 희생으로 만들어지고 보존되어 온 것을 우리가 향유하는 것이다. 그 속에 깊이 잠들어 있는 희생과 노고에 대한 감사하는 마음을 잊는다면 이는 선조들이 흘린 땀에 대한 배신이다.

성벽길을 따라 서쪽으로 향했다. 성벽과 이어진 길은 자연 상태 그대로 이어져 있고 안쪽에는 나무 사이로 둘레길이 이어졌다. 성벽길로 나가야 청주 시내를 바라볼 수 있어 이 길을 택했다. 길은 울퉁불퉁했어도 걷는 데는 무리가 없다. 발끝에 차이는 돌부리만 조심하면 높은 지형에서 산성과 어우러진 숲과 산성 너머 청주 시가지를 한눈에 볼 수 있다. 시원한 바람이 콧등을 스치고 지난다. 향기로운 꽃냄새는 나지 않았지만 싱그러운 풀 내음과 지독한 열기 그리고 옆을 스치며 지나가는 사람들의 비릿한 땀 냄새가 나 자신이 생동하고 있음을 느끼게 한다.

서문弭虎門을 지나니 성벽 둘레길과 성벽 안쪽 숲길이 갈라진다. 태양이 너무

강해 숲길을 택했다. 약간 꾀가 난 것이다. 거리상 성벽 안쪽 길을 택하면 4분의 1 정도 거리가 단축될 것이라는 생각이 들었다. 그늘 속으로 들어오니 햇살을 피해서 좋다. 걷는 길도 정비가 잘되어있다. 바닥에 가마니와 같은 것을 깔아 길이 질척이지 않도록 배려해 두었다. 동양문을 거쳐 동문鎭東門에 닿은 후 산성마을로 향했다. 머리 위에 태양의 열기가 점점 강해진다. 동장대東將臺까지 가도 되지만 산성마을의 연못과 분위기를 보고 싶었다. 산행하지 않고 식사만 하러 올 때는 종종 산성마을에 와서 연못을 들여다보곤 했는데 와본 지도 한참이나 되었다. 산성 대부분은 식당을 겸하여 음식을 조리하는 맛있는 냄새가 코끝을 자극한다. 예전 같으면 식당마다 문전성시를 이루며 왁자지껄한 웃음소리가 들려왔을 것인데 조용하다. 지인들과 어울려 음식을 먹고 마시면서 흥겨워하며 정담을 나누며 들썩이던 장면도 사라졌다. 코로나가 바꾸어 놓은 또 다른 세상이 산속 마을 산성에도 만들어진 것이다.

배도 고프고, 지친 다리도 쉴 겸 맛깔난 식당을 찾아야겠다. 흘린 땀을 복구해 줄만 한 건강한 밥상이면 좋겠다. 산성 음식점은 주로 닭이나 오리 요리, 도토리묵, 김치나 감자전과 같은 음식이 주류를 이루지만 입맛을 찾아 줄 매콤하고 알싸한 동치미가 잘 어울리는 식당을 찾는 것도 좋을 듯하다. 이렇게 멋지고 아름다운 성곽을 가지고 있다는 것은 청주시에 사는 우리들의 자랑이고, 복이다. 감사한 마음으로 보존해야 한다. 자주 찾다 보면, 우리의 문화재와 선조들의 얼을 되새기는 장소로 거듭나리라. 성곽이 가까이 있음에도 몸과는 멀리 떨어져 있었던 공간이었다. 이제부터라도 소중한 우리 문화재라는 것을 잊지 말고, 마음속 깊이 간직하며 살아가야 하겠다는 다짐을 해보는 소중한 시간이 되었다.

불청객不請客

소한小寒이 지난 뒤 날씨가 급격하게 따뜻해졌다. 얼마 전까지만 해도 수은주가 영하 20도 이하로 내려가더니 겨울 날씨답지 않게 포근해지니 좋기는 하지만 한편으로는 걱정이다. 이러다가 갑자기 날씨가 곤두박질치면 적응하기가 더 어렵다.

지난 한 달 동안은 온도가 영하 10도 이하로 내려가 좀처럼 회복되지 않았었다. 청향당淸香堂에서 열세 번의 겨울을 지내며 온수를 공급하는 파이프가 얼어 찬물로 씻어야 했던 것도 이번 겨울이 처음이다. 보통은 겨울 날씨라도 삼한사온三寒四溫의 리듬이 있었다. 며칠 춥다가도 며칠은 따뜻한 기온이 얼었던 것을 녹여 주었기에 견딜만했다. 그런데 이번 겨울은 예전의 통계나 리듬을 완전히 상실해 버렸다. 전국적으로 역대급이라 불릴 정도의 최강 한파가 휘몰아쳤다. 남쪽 따뜻한 제주도에 기상청이 한파 특보를 운영한 1964년 이후 57년 만에 한파 특보가 발령될 정도였다. 한반도에 불어 닥친 한파寒波라는 '불청객不請客'은 곳곳에서 수도관의 동파凍破와 내린 눈이 얼어붙어 생긴 빙판길로 사람들을 힘들게 하였다.

날씨가 풀리자 마당을 하얗게 덮었던 눈이 슬금슬금 눈물을 쥐어짜듯 모두 녹아버렸다. 겨울 분위기를 느끼려면 군데군데 눈이라도 보여야 좋은데 2월까지는 계속될 것 같던 추위가 슬금슬금 구렁이 담 넘어가듯 그대로 눈 녹듯이 모두 사라져 버렸다. 하얀 눈으로 덮였던 잔디의 누런 몰골이 처연하다. 차라리 계속 눈 속에서 하얀 솜이불을 덮고 있었다면, 오히려 더 포근하고 아름답게 보였을지 모른다. 눈에 보이는 것이 최상은 아니지만, 엄동설한에 추위에 떨던 것을 잊어버리고 깔끔하고 미려한 걸 찾고자 애쓰는 나 자신을 발견한다.

니치를 데리고 아침 산책을 가려고 하는데 칠면조 한 쌍이 앞에서 뒤뚱거리며 빠르게 대나무 숲으로 들어간다. 지난 12월부터 나타난 반갑지만은 않은 손

님이다. 어디서 왔는지, 주인이 누군지 아무도 모른다. 어느 날 갑자기 나타나 온 집안을 거칠게 헤집고 다닌다. 여기저기 배설물로 흔적을 남기는 것은 물론 데크며, 뒤꼍이며, 온 집안을 난장판으로 만들어 놓았다. 화분은 쓰러져 깨지고, 정원의 화초는 화분을 뒤집어쓰고 누웠다. 화단 곳곳에도 자신들의 흔적을 새기듯 표시해 두었다. 갑자기 쳐들어오듯 당당하게 들어선 놈들은 식성도 배짱도 남달랐다.

어느 날 마당을 어슬렁거리는 놈들을 본 아내가 "저놈들이 배추를 하나도 남김없이 모두 먹어 치웠어요"하고 말한다. 칠면조가 배추를 다 먹어 버렸다니 어이도 없다. 모두 먹어 치웠다는 소리에 배추를 심어 놓았던 곳으로 가보았다. 한참을 비닐하우스 안을 들여다보니 헛웃음만 나왔다. 마치 메뚜기 떼가 휩쓸고 간 들판에 엉성한 뼛골만 남아있는 것처럼 배추 밑동만 조금 남기고 모조리 먹어 치웠다. 한두 포기도 아니고 전부를 먹어 치웠다. 건성으로 이집 저집 기웃거리며 돌아다녀도 여기저기서 조금씩 먹을 걸 주기도 했는데 내가 별도로 먹이를 주지 않아서였는지는 모르지만, 배추를 처참하게 먹어 치웠다.

지난가을에 심어 놓았던 김장배추를 다 뽑지 않고 설에 식자재로 쓸 생각으로 하우스를 만들어 비닐을 씌워 두었다. 날씨가 추워 조금 얼기도 했지만, 설에 배추전이라도 부쳐 먹을 수 있겠다 싶어 바람이 들어가지 않도록 비닐을 잘 눌러주기도 했다. 요즈음은 겨울에도 마트에 가면 얼마든지 배추를 살 수는 있지만, 무농약으로 직접 기른 배추가 아무래도 더 안전할 것 같아 정성을 들였던 터였다. 어쩌겠나. 서로가 먹고살자고 세상에 태어난 것을. 누가 먹든 먹는 것인데 임자는 따로 있다는 걸 불청객이 알 리가 없으리라. 그걸 알면 사람이지 어찌 하찮은 미물微物이라 하겠는가. 예상하지 못한 일격에 참패당한 느낌이다.

숨으러 들어간 대나무 속으로 니치가 쫓아가자 뒤뚱거리며 도망치다 하늘로 날아오른다. 30~40미터는 족히 되는 지붕 위로 두 마리가 순차적으로 날아올라 지붕에서 폼을 재며 내려다본다. 전혀 상상하지도 못한 상황이 눈앞에서 벌어졌다. 지금까지 칠면조가 날 수 있다는 것도 몰랐고, 그것도 멀리, 높이 날아다닐 거라는 예측도 못 하였다. 몸이 닭보다 크고 움직임이 둔해 날지 못할 것이라고만 생각했다. 아마도 칠면조 자체가 야생에 살던 것을 잡아다가 집에서 길러왔고, 원산지가 이곳이 아니기에 날아다니는 야생 칠면조를 보지 못해 오해했던 것 같다.

날아가는 놈들을 보며 고민에 빠졌다. 봄이 오면 정원이나 텃밭에 채소를 심어야 하는데 저 불청객을 쫓아내지 않으면 성한 채소가 하나도 남아있지 않을 것 같다. 온전히 주는 먹이만 먹으면 공생共生이 가능할지 몰라도 제멋대로 살아가는 환경에 자라니 어떻게 해서든지 잡아다가 다른 곳으로 보내든지 아니면 칠면조 바비큐barbecue를 해 먹어야 한다. 그런데 하늘을 날아다니는 놈을 어떻게 잡아야 하는가는 숙제다. 덫을 설치해야 하나 그물로 잡아야 하나 머릿속이 빙글거린다. 봄이 오기 전에 해결해야 할 불청객 퇴치 작전! 새롭게 주어진 미션mission이 되었다.

칠면조의 꿈

말썽꾸러기 칠면조가 통 보이지 않는다. 보이지 않으니 마음은 편안한데 한편으로는 들짐승에게 잡혀 당하지는 않았는지 걱정이다. 앞집 새장 속에 기르던 금계를 울타리를 헤치고 들어간 짐승이 잡아먹었기 때문이다. 촘촘한 철사로 만들어진 망을 쳐 놓았는데도 어떻게 비집고 들어갔는지 감쪽같이 금계 한 쌍이 사라졌다. 망에 구멍이 난 크기를 보았을 때 족제비 정도로 추론할 뿐 범행을 저지른 짐승을 찾을 수는 없었다. 물론 칠면조도 나뭇가지 위에서 잠을 자기 때문에 쉽게 족제비에게 도륙당할 우려가 적지만, 족제비가 날렵하고 나무에도 오를 수 있어 안심할 수 없는 처지다.

그런데 칠면조는 전혀 예상하지 못한 곳에서 발견되었다. 집 뒤편 영산홍이 자리한 바위틈에 있었다. 밖에서 보면 아무리 잘 찾아봐도 보이지 않는 위장이 잘된 곳이었다. 그놈을 잡으려고 하면 보통 날렵한 것이 아니다. 가까이 가 잡을 만하면 날아다녀 잡을 엄두를 내지 못했는데 웬일인지 가까이 다가가도 꿈쩍하지 않고 손을 내밀면 주둥이로 쪼려고 대든다. 한번 쪼이면 부리의 힘이

강해 깊은 상처가 날 것 같아 섣불리 대들 수도 없어 기다려보았다. 며칠이 지난 뒤 살며시 칠면조가 앉은 곳을 들여다보았다. 세상에! 그곳에 알 18개가 가지런히 놓여있는 게 아닌가! 칠면조는 주먹만 한 알 18개를 낳아 새끼를 부화하려고 품고 있다. 그날부터 시간이 나면 주방에서 칠면조가 알을 품고 있는 곳을 바라보았다. 칠면조는 알을 품고 있을 뿐 도통 그곳을 나오려 하지 않았다. 배가 고프면 잠시 고개를 쭉 빼고 주위를 둘러본 후 아무도 없으면, 잠시 나와 허기를 채우고 다시 둥지로 돌아간다. 허기를 채우는 것으로 알이 부화할 때까지 견뎌내기에는 무리가 있어 보였다. 고개를 내밀었다가도 인기척이 들리면 바로 고개를 넣어버리기 때문에 무척 조심하고 있다는 것을 알았지만 뾰족하게 해 줄 수 있는 것이 없었다.

보통 닭은 알을 낳아 품기 시작하면 21일 정도가 되면 부화가 된다. 반면 칠면조는 닭보다 더 많은 28일 정도가 되어야 알에서 부화한다. 칠면조가 자신의 새끼를 부화하려면, 많은 시간이 필요하고 적어도 28일 이상 알을 품고 있으려면 건강이 문제 될 수밖에 없다. 더구나 지금까지 칠면조 수컷을 한 번도 보지 못했다. 같이 다니던 칠면조도 암컷이었기에 지금 품고 있는 것은 무정란을 품은 것이다. 28일이 아니라 아무리 품고 있어도 새끼가 부화할 수 없는데 칠면조는 어미가 되려는 꿈을 꾸며 포기하지 않고 배고픔을 참으며 견뎠다.

사람이나 짐승이나 꿈을 꿀 수 있다는 건 행복이다. 척박한 오지奧地에서 사는 사람도 활기차고 깨끗하며, 많은 사람이 어울려 살아가는 대도시에서 자신이 미소를 지으며 걸어가는 모습을 그려보는 것이 꿈이면 가능하다. 반대로 교통지옥에 시달리던 직장인은 탁 트인 초원에서 말을 타고 야생화가 물결치는 꽃길을 마음껏 달리는 느낌을 현실에서는 찾지 못해도 꿈속에서라면 가능하리라. 많은 금은보화를 가지고 있다고 하여 모두 행복한 것도 아닐 것이고, 겨우 세끼 끼니만 때우며 산다고 하여 불행하다고 할 수 없는 게 인간사다. 그렇기에 살아가며 어느 기준에 눈높이를 맞추고 사느냐에 따라 사람마다 느끼는 행복감은 다를 것이다. 자기 삶에 대해 행복을 느끼지 못하는 사람은, 자기 행복을 채우기 위해 꿈을 꾼다. 미래에 대한 계획이 될 수도 있고, 꿈을 향해 나아가는 과정이 꿈이 될 수도 있다. 그런 과정이나 노력조차 어렵다면 눈을 감고 잠을 청해 꿈을 꿀 수도 있다. 꿈속에서는 원하는 무엇이든 될 수 있고, 무엇이든 가질 수도 있다. 꿈은 소중하고 행복감을 전해 줄 수 있는 매개체다. 그러나 현실에서는 다르다. 꿈을 꾼다고 원하는 바를 다 이루는 것도 아니다. 자칫 지나치게 꿈에 몰두하면 패배감이나 상실감이 더 크게 작용하여 피해가 적지 않다. 지금 칠면조의 모습을 보니 어떤 것이 더 현실적인가를 생각하게 한다. 아무리 이루려고 애써도 되지 않는 것, 꿈속에서나 가능한 일로 칠면조를 다치게 하고 싶지 않다. 꿈을 포기하도록 설득할 수도 없고, 그렇다고 매일 되풀이되는 인고의 시간을 나 몰라라 하기도 어려워 결단을 내린다. 칠면조를 이주시키는 것이다.

정원사 몇 명이 일을 마치고 돌아가려고 할 때 그들에게 칠면조를 붙잡아 다른 곳에다 놓아주라고 했다. 두 사람이 달라붙어 잡으려 할 때마다 칠면조는 거세게 저항했다. 손을 쪼여 펄쩍 뛰는 사람을 보며 자신의 새끼를 지키기 위해 야생에서 새들이 절름발이 흉내를 내며 매를 유인하거나 포식자 앞에서도 거세게 새끼를 지키려고 도망가지 않고 덤벼들다가 오히려 최후를 맞이하는 동물들을 보면, 동물이라고 하더라도 모성애가 얼마나 크고 깊은지 알 듯하다. 오히려 사람이 자신의 어린 자식이나 배우자의 다른 핏줄을 학대하여 죽음에 이르게 하였다는 언론 보도가 줄지 않고 있는 것을 보면, 왜 그들을 '짐승보다 못한 인간'이라고 부르는지 이해가 된다.

칠면조는 반항하다 목덜미를 붙잡혔고, 포대에 담겨 어디론가 떠났다. 새로운 곳에서 어떤 인연을 만나 살게 될지 모르지만 태어날 수 없는 새끼를 기다리며 언제까지나 알을 품어야 하는 고단한 현실만큼은 피하게 해 주었다고 생각하니 조금은 아쉽고 한 편으로는 후련하다.

오늘 밤 칠면조는 꿈을 꾸게 될지도 모른다. 18마리의 어린 새끼들을 데리고 예담촌과 복숭아 과수원으로 몰려다니며 열심히 먹이 사냥하는 즐겁고 행복한 꿈을….

괭이밥

하루걸러 비가 내리니 정원에 잡초가 무성하게 올라온다. 올라온 잡초를 뽑아내고 하루만 건너뛰면, 어느새 잡초는 또 고개를 내밀고 있다. 가장 많이 올라오는 것이 토끼풀처럼 생긴 괭이밥이다. 여러해살이풀이다 보니 생육기간도 길고 번식력이 강하다. 괭이밥은 단기간에도 성장 속도가 빠르다. 작은 싹이 고개를 내민다 싶으면, 꽃이 피고 열매를 맺어 씨앗을 퍼트린다. 농작물도 이처럼 왕성한 번식력과 어느 곳에서나 환경에 쉽게 적응하여 생육한다면 얼마나 좋을까. 그렇다면 풍성한 먹거리로 시구상에서 굶어 죽는 사람이 없을 것인데 말이다.

우리 정원에서 제일 많은 잡초 중 하나가 괭이밥이다. 괭이밥은 초장초酢漿草, 괭이밥, 괴싱아산장초, 시금초, 괴싱이,

외풀, 사랑초라는 이름으로도 불린다. 작은 풀치고는 이름도 여러 가지다. 그만큼 우리 생활과 밀접하게 근거리에서 살아남았기에 다양한 이름을 가지게 되었으리라. 괭이밥은 이름처럼 '고양이 밥'이라는 뜻이다. 고양이가 소화가 되지 않으면, 이 풀을 뜯어 먹는다고 하여 이름이 붙여졌다고도 한다. 고양이는 야생에서 살면서 소화가 되지 않으면, 스스로 병을 치료하고자 괭이밥을 뜯어 먹는다는 말이 재미있다.

보통 괭이밥은 키가 30cm 이내로 작고, 꽃은 노란색을 띠며 1cm 정도로 멀리서 보면 작은 점을 찍어 놓은 것처럼 보인다. 잎은 하트모양을 한 3개의 소엽小葉이 모여 온전한 원형의 잎새를 이룬다. 어린잎은 나물로 먹을 수 있고, 약재로도 사용된다. 어린 시절에는 여린 잎을 떼어먹기도 했다. 시큼한 맛이 배어 나와 이맛살을 찌푸렸던 기억도 있다.

괭이밥도 자신이 뿌리를 내린 장소에 따라 생존방식을 달리한다. 철쭉 속에 자리를 잡은 것은 키를 철쭉만큼이나 크게 키운다. 30cm가 넘어야 제대로 햇빛을 볼 수 있기에 어떻게 해서라도 키를 키우려고 애쓴다. 가지를 많이 만들지 않고 몸통 하나만을 길게 키워내 혼자서는 제대로 서 있지도 못할 몸을 철쭉 가지에 기대며 자란다. 튼실하지 못하지만, 어느 정도 키를 키운 후에는 꽃을 피우고 열매를 맺는다. 가느다란 몸통은 쉽게 눈에 띄지 않아 제거당할 가능성도 작다. 그러나 나무 밑에 둥지를 튼 것들은 키를 크게 키울 필요가 없는지 키를 키워야 10cm 내외이고, 대신 많은 가지를 만들어 꽃을 많이 피우려고 한다. 다음 세대를 이어갈 충분한 씨앗을 퍼트리는 방법을 선택한다.

괭이밥은 종류도 다양하다. 잎과 꽃 안쪽에 붉은 테두리가 있는 붉은괭이밥, 연한 홍자색 꽃이 피는 자주괭이밥, 괭이밥 중 꽃과 잎의 크기가 가장 큰 것으로 잎의 길이가 약 3㎝, 너비 4~6㎝인 큰괭이밥, 흰색 꽃을 피우며 꽃줄기가 5~8cm인 애기괭이밥, 덩이줄기로 번식하는 덩이괭이밥이 있다.

다양한 괭이밥 중에서도 가장 신경 쓰이는 것은 덩이괭이밥이다. 덩이괭이밥의 생존 본능은 무섭고도 지능적이다. 잔디 속에 뿌리를 내리면 잔디보다 더 크려고 발버둥 치지 않는다. 키를 키우기보다는 잔디처럼 땅바닥으로 엎드려 뻗어나가려 한다. 길게 뻗으면, 제거하기도 쉽지 않다. 잡아당기면 일부분을 끊어버리듯 잘린다. 도마뱀이 꼬리를 잡히면 잘라내고 도망치듯 덩이괭이밥도 자신의 일부가 쉽게 끊어지도록 하여 나머지 부분으로 다시 생존을 이어가는 기회를 만든다. 꽃잔디 속에 자리를 잡으면 하나하나 꽃잔디를 들추며 뽑아내야 하는데 잘 뽑히지도 않으면서 중간에서 끊기기 일쑤다. 귀찮아 그냥 두었더니 비 한번 내리자 다시 잘린 부위에서 싹이 올라온다. 담적색 꽃이 별처럼 다섯 개의 잎을 나팔처럼 내밀며 앙증맞게 피기도 한다. 마음을 주고 바라보면 그런대로 봐줄 만하다. 그렇다고 측은한 마음에 "너도 꽃이니 그냥 두고 감상하련다" 하고 그대로 두면 다음 해에는 주객이 전도되어 큰 대가를 치러야 한다. 정신없이 올라오는 촉수를 다 제거하기란 쉬운 일도 아니다.

괭이밥도 무리를 이루어 자라기 때문에 꽃이 피면 훌륭한 야생화다. 그런데 사람들은 괭이밥을 야생화로 생각하지 않는다. 잡초雜草로 본다. 다른 꽃들의 영양분을 잠식하는 귀찮고 하찮은 존재로 인식하기 때문에 눈에 보이는 대로 제거의 대상이다. 야생화이면서 천덕꾸러기로 전락한 괭이밥은 너무나 질긴 생명력과 폭발적인 번식능력, 그리고 볼품없고 왜소한 꽃송이에 잡초로 치부되는 것일 거다. 세상에 모든 식물은 나름의 특징과 생존방식이 있다. 야생화라고 부르는 많은 식물 중에서 귀한 대접을 받는 것은 희소성을 가진 것들뿐이다. 어느 들녘에서나 흔히 볼 수 있는 개망초, 토끼풀, 질경이, 민들레, 명아주, 뚝새풀, 환삼덩굴, 뽀리뱅이, 씀바귀, 쑥, 망초, 냉이, 쇠뜨기, 제비꽃 등은 잡초로 취급된다. 꽃을 피우지 못하는 풀도 있지만, 망초나 민들레와 같이 꽃을 피우며 잡초로 전락한 것도 있다. 희소성이 부족하기 때문이다.

사람들은 흔히 보기 어려운 풀을 '야생화'라 부르며 잘 보살피며 정성을 다해 기른다. 얼레지, 앵초, 벌깨덩굴, 나도바람꽃, 금낭화, 큰 구슬붕이, 처녀치마, 매발톱, 피뿌리풀, 뻐꾹채와 같은 종류는 화단 한 모퉁이를 차지한다. 그중에서도 흔히 보기 어려운 피뿌리풀이나 뻐꾹채처럼 멸종위기 종種에 속한 것이라면 관심을 가지는 정도도 달라진다. 사람들이 잡초와 야생화로 나누는 기준은 단지 희소성이나 꽃의 크기로 판단한다. 영혼이 없는 단순한 식별 방법이다.

오늘도 나는 정원에서 괭이밥과 일전을 치러야 한다. 꽃으로 인정하여 기르기에는 너무나 자생력이 강하다. 조금만 더 여유를 주면 멀지 않아 화단을 온통 괭이밥이 점령할 태세다. 별수 없이 나도 영혼이 없는 식별 방법으로 괭이밥을 잡초로 규정한다. 잡초는 제거의 대상이고 앞으로 여름 내내 누가 이기는지 결판을 내야 한다. 괭이밥을 뽑다 보면, 수많은 하트가 내 눈 속으로 쏟아져 들어온다. 그 하트에 눈이 멀면, 고생이 배가되기에 두 눈 꼭 감고 뽑아야 일 년 아니 앞으로 몇 년이 편할 수 있다.

괭이밥의 꽃말이 '빛나는 마음'이라고 한다. 내 마음에 그 빛나는 마음을 받아들일 공간이 없다는 것이 아쉽다. 수많은 하트가 살려달라고 애원하듯 줄지어 서서 바라보고 있음에도 매정해지는 마음은 무엇인가. 어쩌면 나이가 들면서 여유를 부리지 못하는 내 마음이 시들어가고 있기 때문은 아닌지 조바심이 인다.

코로나19

코로나19가 중국 우한에서 발병한 이후 전 세계로 걷잡을 수 없을 만큼 빠른 속도로 퍼져나가고 있다. 특히, 중국과 가장 가까운 지리적 위치를 점하고 있고 전체무역의 의존도가 수출 35%, 수입 42%에 이르다 보니 다른 나라에 비하여 왕래도 잦고 수출입 물동량도 많아 자연스럽게 관계자들의 상호방문도 늘어나 우려가 크기도 했다. 2020년 2월 18일경 중국 우한에서 매일 확진자가 급속하게 증가하고 있을 때만 해도 우리나라 감염자는 31명 수준이었다가 갑자기 대구, 경북지역을 중심으로 폭발적으로 늘어났다. 그 숫자가 불과 일주일 만에 매일 2배 가까이 증가하는 '더블링' 현상이 나타나며 국가 경제와 국민의 마음은 엄동설한 한파를 만난 것처럼 꽁꽁 얼어붙었다.

거리에 사람들의 모습이 줄어들기 시작했다. 북적대던 성안로의 활기는 찾아볼 수 없을 정도로 조용해졌다. 해가 넘어가면 사람들의 모습을 보기가 더 어려워졌다. 도시의 거리는 마치 차마고도를 여행하면서 보았던 산촌이 연상될 정도로 고요하다. 서걱거리는 바람만이 휑한 도시를 핥고 스친다. 모두가 울상이다. 마음 놓고 일상생활을 하기 어려울 만큼 타인 만나기를 꺼리는 사람들이 늘어나고 있다. 오랜만에 만나도 악수 대신 손등을 부딪친다. 누가 코로나19를 전염시킬 전파자임을 모르기에 나 말고는 모두 믿지 못하여 벌어지는 해프닝이다. 여행도 못 가고, 외식은 물론 모든 단체의 모임도 취소되었다. 매일 저녁 모임으로 늦은 밤에 귀가하던 일상이 이제는 퇴근 후엔 즉시 집으로 간다. 저녁은 의례 집에서 먹는 것으로 정해졌다. 이런 경험도 처음이다. 1년 365일로 치면 집에서 저녁을 먹는 날보다 밖에서 먹고 들어오는 날이 3분의 1 수준으로 적어진 것이다. 다행인 것은 저녁을 집에 와서 먹는 걸 아내가 더 반긴다는 거다. 보통 아내들은 남편이 저녁을 먹고 퇴근하기를 바란다는데, 다른 사람들과 밥을 먹다가 병균을 옮겨올까 두려우니 저녁 약속을 하지 말라고 귀에 못이 박이도록 잔소리를 한다.

코로나19의 발병은 대한민국이라는 나라를 고립시키고 있다. 다른 나라들이 대한민국 사람들의 입국을 불허하거나 입국장에서 격리조치를 한단다. 그 숫자가 벌써 40여 국에 이른다. 정부도 속수무책이다. '외교보다 중요한 것이 방역'이라고 주장했다는 것은 결국 타국과의 선린관계보다 자국의 안전이 최우선이라는 항변이다. 코로나19가 처음 발생한 중국에서 이런 조치를 취하는 것에는 할 말을 잃는다. 우리는 중국에서 코로나19가 발생하였어도 예방적 차원에서 중국인의 입국을 차단해야 했으나 이를 하지 않았고, 지금도 차단하지 않고 있다. 그런데 중국은 우리나라 국민의 입국을 불허하거나 입국하여도 격리조치에 들어간다. 중국 정부는 각 성省이 자치적으로 행하는 것이므로 중앙정부와는 무관하다고 말하지만, 중국의 국가 구조상 이는 중국 정부의 암묵적 동의가 없으면 불가능한 조치이다. 우리는 중국이 우리의 친구라고 생각하고 호

의를 베풀어 왔지만, 그들은 철저하게 자신들의 이익에 따라 우리의 손을 떨쳐냈다. 현 단계에서 우리 정부가 해 온 일들을 되돌아보면 국내적으로 확산하는 코로나19의 예방에도 실패했고, 외교적으로는 각 나라로부터 무시와 따돌림을 당하는 망신을 사고 있다. 대통령이 영국 외무장관과 회담하기로 했다가 거부당하고 만나지도 못하고 온 것이 대표적인 사례이다.

매일 뉴스에는 대구와 경북지역에 코로나 확진자 숫자가 계속하여 늘어난다고 보도한다. 그 중심에 청도 대남병원과 신천지 대구교회가 있다. 그들과 관련된 사람들로 인한 전파가 전체 확진자의 80%에 달했다. 이처럼 좁은 지역에서 집단으로 발병하는 코로나19의 위세는 방역 당국이 총력을 기울여도 잡지 못하고 있다. 신천지 교단 측이 신도의 명단을 정확히 알려주지 않은 이유도 있고, 신도 중에는 자신이 신천지 교인인 것을 숨기고 음지에 숨어 양지로 나오지 않으려고 하기 때문이라고 알려진다. 자신의 종교를 남들 앞에 떳떳이 내놓지 못하는 것도 이해가 되지 않는다. 나로 인하여 다른 사람에게 피해를 주는 행위는 삼가야 한다. 한마음으로 이 위기를 극복하려고 노력해야 한다.

어머니와 큰 누님이 대구에 살고 있기에 내 불안감은 더 커진다. 연로하신 어머니가 자칫 바이러스에 감염이라도 되신다면, 이는 나에게 큰 재앙과 다름없다. 지금 현실에서 보면 누가 감염증세를 앓고 있는지를 모른다. 자신이 스스로 발열이 나고 의심증이 든 것을 알고 검사를 받을 시점이 되면, 이미 수많은 사람과 접촉을 이어간 상태이다. 자신도 모르는 사이에 전염병에 노출되고, 자신도 모르는 사이에 전염병을 옮기는 매개자가 되는 것이다. 이번 코로나19는 모두의 단합된 행동으로 이른 시일 안에 진정되고 사라져야 한다. 아무 증상도 없이 달려와 무지막지하게 타인에게 전염병을 옮기는 보이지 않는 적과 싸우는 게 얼마나 힘든 일인가. 국민이 스스로 방역하고, 자기 주변을 소독하고 청결하게 하여 바이러스의 유입을 막고, 타인에게 전파되는 것을 막는 노력을 하는 길만이 이 사태를 잠재우는 길이리라.

어머니가 보고 싶다. 어머니는 오지 말라고 한다. 언제 이 사태가 끝날지 모르니 더 참담하고 서글프다. 아직은 우리가 충분히 이를 격퇴하고 진정시킬 의지와 기술이 있다고 믿지만 요즘 정부에서 우왕좌왕하는 모습을 보면 한편으로는 우려되는 게 사실이다. 우려가 불식되고 코로나19의 종말이 다가와 전 세계 국가들이 공항의 대문을 활짝 열고 우리를 맞고자 줄을 서서 기다리는 날이 오기를 기대한다.

이야기 둘

원정리 느티나무

전지 剪枝

결실의 계절이다. 풍요로운 들녘과 싱그러운 바람이 풍성한 계절이 돌아왔음을 알려준다. 긴 장마로 인하여 소출은 줄었어도 가을의 들판은 언제나 농부들을 미소 짓게 한다. 나뭇가지에 매달려 몸집을 부풀린 감도 주먹만큼 커졌다. 가시 속에 몸을 웅크린 밤송이의 피부색도 갈색으로 짙어졌다. 여름 뜨거운 태양을 받아 한들대던 코스모스는 까만 씨앗 주머니를 빼곡하게 밀어올려 다음 생을 준비하고, 찬 서리를 기다리던 국화도 꽃망울을 부풀린다.

정원에서 여름을 보낸 나무들의 몰골이 자고 일어난 머리처럼 산만하다. 70일 동안 이어진 장마는 나뭇가지를 웃자라게 하였고, 영양분을 충분하게 비축하도록 도움을 주지 못했다. 작열하는 태양의 뜨거운 열기가 어느 정도 나무에 생명력을 불어넣어 줄 수 있는데 태양의 그림자를 보지 못한 시간이 장기간 계속되다 보니 질척거리는 논두렁처럼 말랑말랑한 것이 단단함이 사라졌다.

정원이 너무 산만해서인지 아내는 "전지를 하겠다"고 말한다. 아직 "가을꽃이 다 지지도 않았는데 너무 이른 것 아니냐?"라고 묻자 "이맘때 해도 괜찮다"

라고 말하고, 전지 기술자를 불렀다. 정원에 심어 놓은 꽃나무는 크다고 해도 키가 3m 정도라 직접 전지가 가능하다. 하지만 10m 이상 커버린 소나무는 내가 전지를 할 수도 없거니와 소나무의 생리를 모르면 전지를 해도 나무의 모양을 망칠 수밖에 없다. 2년 전에 전지했던 사람이 소나무의 굵은 가지를 멋대로 톱질하여 잘라 놓아 소나무 모양을 망쳐 놓았던 적이 있다. 당시 그 모습을 보면서 얼마나 속이 상했던지 울화통이 터질 지경이었다. 내가 보아도 그렇게 전지하면 안 되는 거였는데 그렇게 해야 돋보인다고 자르니 일 시켜 놓고 싸울 수도 없고 하여 가슴앓이 하듯 속만 태웠다. 전지를 끝내고 아내와 다시는 저 사람에게 전지를 맡기지 않겠노라고 다짐했다.

아내가 지인에게 소개받아 전지하러 온 사람은 호리호리한 몸매에 40대 후반의 젊은 사람이었다. 붙임성 있는 성격의 소유자인지 말도 잘하고 부담도 주지 않으면서 전지에 몰입한다. 높은 나무 위에도 잘도 올라가 가지 하나하나 수형을 보아가며 잘라 나가는 모습이 전문가다운 솜씨였다. 자기는 "소나무를 보면 멋진 명품을 만들고 싶어 잠이 안 온다"고 말한다. 그만큼 나무를 아끼고 작품을 만들어보겠다는 열망을 가진 것 같아 좋았다. 말만 번지르르 한 것이 아니라 실력도 좋았다. 나무의 수형을 보아가며 가지를 자를지 살릴지를 결정하고 필요 없다고 생각되는 부분은 사차없이 잘라낸다. 나뭇가지가 많아 통풍되지 않으면 가지는 속에서 시들거나 썩어 죽게 된다. 그리고 지나치게 웃자라거나 한쪽으로 수세가 기울면 다른 쪽 나뭇가지의 영향을 뺏어가 고사시키기에 적당한 배려와 수세를 고려한 전지가 되어야 한다고 설명한다. 몇 번을 보아도 설명할 때만 고개를 끄덕거리지, 조금만 지나면 내 눈에 들어오는 가지는 그놈이 고놈처럼 분별력이 없어진다. 그래서 나는 전문가가 되지 못한다. 지금

까지 전지하는 모습을 보아 왔기에 주워들었어도 어느 정도는 알만도 한데 내 머릿속에 그려지는 소나무 전지 방식은 명료하지 못하다.

기술자는 전지를 5일 동안 했고, 나는 전지로 잘려나간 나뭇가지를 안아다가 산 아래 퇴비 자리에 쌓았다. 소나무 30그루 정도와 일반 정원수를 모두 잘라만 놓았는데 나는 수백 번은 산과 정원을 오갔을 것이다. 이렇게 힘들고 어려운지 몰랐다. 이렇게 많은 나뭇가지가 배출될지도 몰랐다. 추석 연휴 남들은 명절을 쉰다고 야단인데 내 육신은 노동으로 땀범벅이 되어가고 있다. 정원사 뒤처리를 하는 사람을 구하면 그 일당도 만만치 않아 직접 내가 하겠다고 자처했는데 후회도 막심했다. 힘든 일을 많이 해보지 않은 내가 하루 이틀도 아니고 5일간이나 매달려 일했더니 몸은 내 몸이 맞는데 내 의지대로 몸을 움직일 수 없을 지경으로까지 치달았다. 누가 노동을 신성한 것이라고 했던가. 노동은 노동일뿐이다. 머리로 하는 것이 아니고 육신의 힘으로 치대는 것이다. 아무리 머리가 좋아도 머리를 써서 힘든 것을 제거하거나 빨리 일거리를 줄이지 못한다. 온전히 가져갈 수 있을 양을 충분히 고려하여 발걸음 숫자를 줄이는 것만이 육신의 고통을 줄이는 것이다.

그렇게 5일간의 사투가 끝나고 바라본 정원은 단정하기는 했지만, 많이 허전해졌다. 우거졌던 나무들이 왜소하고 슬림해 졌다. 3층을 향해 솟구쳐 자랐던 목련은 가장 큰 중앙 부위가 싹둑 잘려져 키가 반으로 줄었고, 기세 좋게 붉은 열매를 꽃처럼 매달아 흔들던 커다란 보리수나무는 가지가 모두 잘려 내년에 보리수가 열릴지 걱정이다. 단풍이 들면 붉은 잎들이 불길처럼 흐드러졌을 화살나무와 남천은 대부분 가지를 소실하여 운치 있는 가을을 열어주지 못할 것처럼 보였다. 길게 직선으로 죽죽 뻗어 올라간 가지에 주먹보다 큰 열매 수십 개를 달고 서 있던 모과나무는 열매를 모두 땅바닥에 내동댕이쳐지는 수모를 당했다. 전지를 시작할 때는 이런 낯선 풍경을 예측하지 못했다. 잘 정돈되고 가지런하며, 말끔하게 이발한 단정한 모습을 기대했다. 그런 내 예측은 완전히 빗나갔고, 오히려 횡횡한 정원에 겨울바람이 매섭게 불어올지 모른다는 두려움이 들었다.

이발소에서 머리를 깎고 나면 시원하지만 어색하다. 더부룩하고 헝클어진 것을 깔끔하게 정리는 하여도 왠지 모르게 자연스럽지 않았던 것처럼 전지도 그런가 보다. 겨울을 시작하기에 앞서 이발했다고 생각해야겠다. 깔끔해진 모습으로 겨울을 보내고 새봄이 오면 잘려나간 상처에 작은 가지들이 새롭게 자랄 게다. 가지에서 새순이 싱그럽게 돋아나면 엉성하고 산만했던 모습도 아름답고 어여쁘게 변모해 가리라. 시간이 약이다.

누군가의 손에 의해 새로운 모습으로 얼굴을 바꾸게 된 나무를 보며 이번 전지가 후회되지 않기를 기대한다. 내 욕심만의 전지가 아니고 나와 같이 살아가는 나무에 더 좋은 환경과 더 멋진 모습을 만들어 주었다면 좋겠다. 새봄이 기다려진다. 얼마나 풍성하고 아름답게 변한 모습으로 다가올지 기대도 된다. 바람이 살랑인다. 늦게 피워낸 장미의 노란 꽃송이가 향긋한 향을 실어 보낸다.

생존게임

출근을 서두르는 아침 전화벨이 울린다. 앞집 형수 목소리다. 밭에 심은 콩을 고라니가 뜯어 먹고 있단다. 날이 환하게 밝아 중천인데 야행성인 고라니가 아직도 밭에서 콩을 뜯어 먹고 있다니 어이가 없다. 두 마리가 어제는 동네 앞 콩밭에 들어가 배를 채웠다는데 여기 나타난 놈들이 그놈과 같다는 것이다.

고라니는 언제부터인가 사람에게 천대받는 동물이 되어 버렸다. 초식성임에도 정부는 고라니를 유해 야생동물로 지정했다. 이는 아마도 고라니의 식성 때문이 아닌가 싶다. 초식성인 고라니는 야생에 널린 풀보다 사람이 소중하게 기르는 농작물에 관심을 보이며 민가民家 근처로 내려오는 일이 비일비재非一非再하다. 천적天敵이 사라진 한반도에서 고라니의 개체수個體數는 급속하게 증가했다. 농부들이 잘 길러 놓은 농작물은 고라니에겐 한 곳에서 배가 부르도록 포식할 수 있는 식량창고나 다름없다. 그렇기에 고라니는 쉽게 먹이를 구할 수 있는 영양가 높은 농작물을 식량으로 선택했으리라. 반면 고라니에게는 성찬일지 몰라도 열심히 땀 흘려 농작물을 일구고 일 년 농사에 심혈을 기울였던 농부에게는 그냥 묵과하기 힘든 도적질에 불과하다. 개체 수 증가와 천적이 없는 한 고라니와 인간의 충돌은 더 잦아질 전망이다. 야간은 물론 낮에도 산야山野에서 고라니는 쉽게 목격된다. 특히, 봄이 되면 출산을 끝낸 고라니가 새끼들과 어울려 도로변을 어슬렁거리는 일이 많아지고, 때로는 길가에 있다가 자동차 불빛에 놀라 달려들어 사고를 당한다.

도심 외곽에서 출퇴근하기 위하여 간선도로를 오가다 보면 로드 킬(Road Kill, 動物 轢死)로 인해 처참하게 일그러진 동물의 사체를 수시로 마주하게 된다. 대부분 야밤에 먹이활동을 위해 나왔다가 길을 잘못 들어 간선도로로 진입은 했는데 나오는 길을 찾지 못했거나 무리하게 도로를 건너려다 달려오는 차량의 속도를 피하지 못해 발생하는 사고이다. 사고를 당한 동물 대부분이 그 자리에서 치명상을 입고 죽는 경우가 다반사다. 요행히 죽지는 않더라도 부딪힌 충격으로 인해 다친 몸으로 야생에서 적응하며 살아가는 것도 녹록한 일이 아니다. 그렇게 숨을 거두는 동물들의 사체를 보면 어떻게 해야 동물들의 피해를 줄일 수 있을까를 고민한다. 내가 혼자서 할 수 있는 일이 아니지만, 야간 운전을 할 경우에는 주변을 더 신경 써서 운전에 집중하며 조심한다. 나도 집으로 돌아가다가 두 번이나 고라니와 충돌했던 경험이 있다. 아주 조심스럽게 진행해도 갑자기 숲이나 밭에서 도로로 뛰어나와 부딪힌다. 불빛을 보고 달려드는 불나방 같다. 차가 오면 피하는 것이 이치이거늘 고라니는 달려든다. 차보다 자기가 먼저 지나갈 수 있다는 자신감에서 일지는 모르지만 자살행위이다. 아무리 잘 뛴다고 해도 차의 속력을 이길 수는 없다.

살기 위하여 발버둥 치는 것은 인간이나 동물이나 매한가지다. 다만 방법이 다를 뿐이다. 고라니가 인간이 심은 농작물에 입을 대지 않는다면 얼마나 사랑

받는 동물이 되겠는가. 생김새도 모가지가 길어서 슬프다는 사슴처럼 생겼다. 체구도 사슴보다 약간 작다. 뿔도 없이 밋밋하고, 사람을 해칠 힘도 없으니 애완동물 쳐다보듯 반길 수 있다. 그러나 가장 중요한 문제는 사람들의 생존이 걸린 영역에 도전하고 있다는 것이다. 호기가 아니라면 생명을 담보로 한 위험한 도박이다.

밭으로 나가보았다. 싹이 나와 이제 겨우 흙냄새를 맡고 크려고 하는 콩의 머리 부분을 모두 먹어 치웠다. 마치 머리를 쑥쑥 뽑아 올린 것처럼 엉성한 대공에 몇 장의 잎만 너덜댄다. 조금 더 뜯어 먹은 콩은 앙상한 줄기만 비닐 위에 을씨년스럽게 서 있다. 여기저기 발자국도 보인다. 먹고살자고 먹어 치운 것이니 누구에게 하소연하겠는가. 아내가 알면 실망할 것이다. 아내는 5월 초 절에 갔다가 스님에게 검은콩 몇 줌을 얻어 왔다. 맛도 좋고 괜찮은 종자라며 빈 병에 넣어 주었다면서 좋아했다. 얼마 되지도 않는 텃밭에 이것저것 심으면서 스님이 주신 콩을 한 골에 심었다. 메말라 있던 비닐에 구멍을 내 물을 붓고 두 개씩 심었다. 심은 지 며칠이 지나자 고개를 푹 구부린 싹이 땅을 헤집고 올라와 잘 크기만을 바라고 있던 차였다. 신기한 것은 옆에 심은 고추, 오이, 가지, 피망, 야콘, 토마토 등 어느 것 하나 입도 대지 않고 오로지 콩만 먹어 치웠다. 이런 고라니의 골라 먹는 식성 때문에 다른 작물이 훼손되지 않고 콩만 훼손되었다는 점은 그나마 다행이다.

고라니를 막으려면 철조망을 쳐야 하는데 포기하고 자연의 순리에 맡기기로 했다. 몇 개 남지 않은 콩마저 다 뜯어 먹은들 어쩌겠나. 보시했다고 생각해야지. 그리하여 고라니가 생명을 연장하고, 위험한 도로를 건너지 않고 살아갈 수 있다면, 이 또한 공생의 길이 아니겠는가. 인간이 모든 것을 다 가질 수 없는 것처럼 자연의 일부인 고라니에게도 생존의 길을 열어주는 것이 어쩌면 더 나은 미래를 만들어 가는 것이 아닐까.

생일

내 생일이 음력 3월 24일이니 올해는 4월 16일이 생일이다. 생일이라고 뭐 대단할 것도 없지만 15일에 21대 국회의원 선거를 마친 딸과 사위가 서윤이를 데리고 부산에서 올 테니 저녁을 먹자고 한다. 사회적 거리두기 캠페인이 계속되는 시기라 가족이지만 같이 모여 저녁을 먹는 것이 부담되기도 했다. 하여 아내는 오지 말라고 자꾸만 딸을 설득했지만 나는 생일을 같이 지내는 것보다 손녀딸 서윤이가 보고 싶은 마음에 아무 말도 안 하고 눈치만 보았다. 2월 서윤이 돌잔치 때보고 두 달이나 보지 못해 얼마나 컸는지 궁금도 했다. 가끔 딸이 보내주는 동영상을 보니 천진스럽게 웃어대는 서윤이 모습이 가물거려 이 기회를 놓치고 싶지 않았던 것이 솔직한 심정이다. 말을 알아듣지 못해도 얼굴을 맞대고 표정으로 이야기하며 놀아주고 싶었다. 예전 다른 사람들이 손자 손녀 사진을 보고 자랑하던 행동을 이해하지 못해 비웃었던 그 반대의 모습이 바이러스가 되어 내 마음속 열병이 되어 자꾸만 손녀딸을 부르고 있다.

딸 내외가 먼 길을 달려와 집에 도착하자 아들은 이미 식당을 예약했다고 하면서 주소를 알려준다. 양고기 전문집이다. 집에서 20km나 떨어진 장소였지만 예약했다고 하여 시간에 맞추려고 출발했다. 휴일 저녁이지만 도로는 너무나 한산했다. 지난 삼 개월 남짓 코로나19로 인하여 경제가 어려워지고, 감염성이 심한 바이러스를 피하고자 타인과의 접촉을 극도로 꺼리는 분위기라 외출하는 사람들도 적어졌다.

식당은 새로 신축한 건물인지 깨끗하고 이색적인 모습이다. 근교에 있음에도 처음 와보는 식당이다. 1층 커피숍에는 젊은 사람들이 삼삼오오 모여 차를 마시며 정답게 이야기를 나누는 모습이 창 너머로 보인다. 거리두기보다는 서로 바짝 붙어 앉아 대화를 나누기에 정신이 없다. 마스크를 쓰지 않은 사람도 많다. 젊다고 바이러스가 비켜가는 것도 아닌데 겁이 없다. 하긴 커피를 마시며 마스크를 계속 쓰고 있지는 못할 것이니 탓하는 것도 무리다. 스스로 자신을 지킨다는 생각과 타인에게 무의식적으로 피해를 주지 않으려는 배려심만 있다면 마스크를 착용하는 방법으로 충분히 조심해도 나쁜 일이 아니다.

작은 방으로 안내되었다. 깨끗하게 정돈된 두 개의 테이블에 음식이 놓이자 딸은 커다란 케이크를 꺼냈다. 케이크를 보니 먹을 수 있는 것이 아니라 공예품으로 만든 꽃송이를 모형 케이크에 실물처럼 꽂아놓았다. 직접 만들어 생동감이 있는 것이 근사하다. 딸이 이런 재주도 있었나 하는 생각이 드니 내가 딸에 대해서도 모르는 것이 많이 있었구나 하는 미안한 마음도 든다.

작은 초 하나를 불어 끄고 축하 노래를 가족 모두가 모여 부르니 한 가정을 이루고 살아가는 내 모습이 스스로 기특해졌다. 이런 것이 삶이라는 것인가 보다. 노래가 끝나자 딸은 케이크 속에서 작은 막대를 꺼내 끌어내 보라고 한다. 깃대를 매단 막대를 잡아당기자 비닐에 감싸진 만 원권 지폐가 길게 연이어 올

라온다. 아마도 내 키만큼이나 길었던 것 같다. 한 장 한 장 비닐 커버에 돈을 넣어 이어 붙이고 이를 둘둘 말아 가지런하게 만드느라 밤새 고생했다고 생각하니 미안하고, 고마웠다. 딸 내외에게 고맙다는 말과 더불어 "내년에는 5만 원권으로 만들어 달라"는 농담을 던졌다. 모두 웃음을 터트렸으니 아마도 내년에는 5만 원권으로 준비하지 않을까 기대해본다.

밥을 먹다 보니 문득 어머니 얼굴이 스쳐 간다. 사실 오늘이 어머니 생신 날이다. 어머니 생신은 나보다 하루 먼저이기에 결혼 전까지 내 생일이라고 별도로 상차림을 받은 기억이 없다. 어머니 생신에 형제들이 모이면 같이 숟가락 하나 더 놓는다는 식으로 생일을 보냈다. 그 후 결혼하고서야 아내가 내 생일상을 찾아 주었다.

매년 어머니 생신 때면 형제들이 모여 어머니 생신을 축하해 주었는데 올해는 코로나를 핑계로 생략하고 말았다. 마음이 멀어진 것인지 진짜 코로나가 무서워서 생략하기로 한 것인지 나 자신도 정답을 내리지 못한다. 어느 정도는 귀찮다고 생각한 건 아닌가 하는 미안함도 든다. 대구에 계신다는 이유로, 대구가 코로나바이러스가 가장 많이 퍼졌던 지역이라는 이유로 우리는 그동안 어머니 찾아뵙는 일에 등한시했다. 코로나를 핑계로 편안함만을 추구했기 때

문이리라. 지난 몇 개월 어머니는 아들의 모습을 보지 못하고 살았다. 밖에 출입하기도 어려운 시기에 얼마나 답답하고 그리웠을까. 너무 내가 이기적이지 않은가. 만약 내 아이들이 대구에 살고 있었어도 코로나를 핑계로 가지 않았을까. 나 스스로 자문해 본다. 그렇다고 답하지 못하는 것을 보면 참 염치도 없는 아들이다.

'사랑은 내리사랑'이라고 한다. 정말로 그런가 보다. 요즘 세태가 조금 어렵거나 부모님 모시는 것이 싫다는 이유로 부모님 몰래 야반도주하듯 이사하거나 요양원이나 양로원과 같은 시설에 유배하듯 방치하는 사람들도 많단다. 그런 사람들도 자식만큼은 끔찍이 아끼며 끌어안고 가는 것을 보면 부모와 자식이라는 존재감의 무게가 부모보다 자식이 더 커서일까? 속은 아니지만, 자식에게 기대려고 하는 보상심리에서 그런지 모르겠다. 나약한 인간만이 노년을 걱정하고 자식에게 기대고자 한다.

그만큼 세상이 변했고 부모에 대한 존경심이 사라져가는 세태에 서 있다. 나도 부모가 되었고, 이제 아이들에게도 자식이라는 씨앗이 자란다. 내가 내 부모에게 제대로 신경 쓰지 못하고 있듯이 내 자식들도 결국 나처럼 자기 자식에게만 신경 쓰느라 나를 귀찮은 존재로 인식하고 방치는 하지 않을까 하는 두려움도 느낀다. 내 자식들이 내가 더 늙어지면, 나를 어떻게 치부할지는 알 수 없지만 내가 행하는 지금의 모습이 자식들에게 잘못 투영된다면, 내 노년의 시간은 서글프고 숨을 부지하고 살아있는 내내 고통과 회한에 싸여 살아갈지도 모를 일이다. 나도 어쩔 수 없이 나이를 먹고 있다고 생각하니 서글프다. 죽어도 나는 내 삶의 종착역에 연연하지 않겠다고 하며 살아왔다. 나의 자존심이고 내 삶의 가치를 올곧게 영위해 나가겠다는 신념이었다.

내 신념과 내 가치를 내세우기보다 지금 현실에서 내가 내 어머니를 향한 사랑과 배려와 존경심을 가지고 존중하는 모습을 아이들에게 보여주어야겠다. 내가 남의 시선을 의식하여 해왔던 것이 아닌 내 어머니에게 할 수 있는 자식으로서의 진정성을 가지고 행해왔던 것들을 더 충실하게 실천해야겠다. 그런 과정을 겪으면 언젠가 내 아이들이 내 노년의 모습을 바라보며 내가 아이들 할머니에게 해주었던 모습들을 기억하고 이를 따라 하지 않을까 하는 작은 바람도 가져본다.

어머니 생신 날. 나는 어머니를 모셔와 생일상을 차려드리지 못하고 내 생일상을 차려 놓고 웃고 있다. 비록 이 자리가 내 자식들이 마련한 자리지만 어머니의 큰 은혜와 그동안 자식들을 위해 헌신했던 고생과 노고를 위로하지 못하고 있는 것이 가슴 아프다. 생일은 나를 태어나게 해주신 어머니께 감사하다며 대접해 드려야 하는 날이다. 그런 의미에서 어머니 생신이기도 한 날에 차려진 내 생일상은 사치요 불효의 민낯일지 모른다.

코로나를 핑계로 어머니 뵈러 가는 것을 늦추어서는 안 되겠다. 방역 준비하고 마스크 쓰고 잠시라도 대구로 내려가 어머니 웃는 모습 한 번이라도 더 뵙고 오면 코로나바이러스도 스멀대며 사라지지 않을까. 마음속으로 그렇게 되길 기도한다.

영동 갈기산 등반

햇살 고운 봄이다. 움츠려 있던 몸을 깨워 갈기산으로 등산을 떠났다. 갈기산은 충북 영동군 양산면에 위치한다. 갈기산 근처에 다다르자 싱그러운 실록이 금강 천변을 따라 길게 그림자를 드리웠다. 양지바른 천변에 가뭄 걱정이 없이 군락을 이룬 물버들은 햇살을 즐기듯 몸을 흔들며 춤을 춘다. 살랑거리는 몸짓이 흐르는 강물을 일렁이게 한다. 강물의 일렁거림이 바람이 흔드는 것인지 춤추는 물버들의 놈짓인지 알 수 없지만, 여울을 만들며 퍼져 나가는 풍광이 강태공을 불러들인다. 허리춤까지 올라오는 슈트를 입은 강태공들이 플라이 낚시로 물고기를 낚고 있다. 긴 줄이 햇살에 반사되어 춤을 추듯 원을 그리며 날아간다. 언젠가 보았던 영화 '흐르는 강물처럼A River Runs Through It'에서 플라이 낚시로 연어잡이를 하던 주인공의 아름다운 영상이 생각나는 장면이다.

바깥모리 주차장에 차를 세우고 출발했다. 해발 585m라고 표시된 등산로

안내표지판을 보니 안심이 된다. 그다지 높지 않은 산이 안도감을 느끼도록 해 주었다. 요즘 들어 왼쪽 발목이 조금 무리를 하면 어긋나는 통에 될 수 있으면 조심한다. 기계처럼 많이 사용하여 그런 것인지 관리를 하지 못해 그런 것인지 알 수도 없다. 병원에 가봐도 별 신통한 대답을 내놓지 않는다. 기계라면 잘못된 부품 하나를 빼고 새로 갈면 되지만 인체라는 것이 그렇게 마음대로 넣다 뺐다를 반복할 수 없으니 아픈 사람만 곤욕이다. 나이가 들고 몸이 예전 같지 않으니 사람 몸도 기계처럼 이것저것 고장 난 것을 골라서 수리하거나 새로 맞추거나 신품으로 교체했으면 좋겠다는 생각도 한다. 인조인간이 되는 것도 쉽게 할 수 있는 일도 아니고, 교체한다고 지금처럼 자유자재로 쓸 수 있는 것도 아니니 내 세대에는 틀린 기대일 것이다.

시작부터 오르막이 만만치 않다. 이게 뭐지? 의문이 생긴다. 산행 초입부터 힘을 너무 소비하면 올라갈수록 호흡이 거칠어질 텐데 하는 생각이 드니 갑자기 등골이 쏴 하다. 4월의 따뜻한 햇볕이 나뭇가지 사이를 파고들어 온몸에 부딪힌다. 산행하기에 더없이 좋은 기온이라 기분은 상쾌한데 다리에 힘이 들어간다. 빠르지 않은 발걸음으로 오늘 하루 안에만 돌아가면 되겠다는 생각으로 오르기로 했다. 시합도 아닌 등반을 주변 경치를 구경할 틈도 없이 지나쳐 버리면 나중에 등반이 끝나도 머리에 남는 것이 없다. 뇌리에 남는 것은 힘들었다는 조각 기억 한 편만이 자리한다. 그러기에 오늘은 정상을 올랐다는 기록을 위한 등반이 아니라 천천히 갈기산을 느껴보려는 것이다.

헬기장을 지나자 점점 등산로가 자갈밭처럼 느껴진다. 일반적인 산행에서 볼 수 없었던 형태의 기슭이 반복된다. 작은 자갈이 쌓여 자칫 잘못하면 미끄러지기 일쑤다. 오르는 길 양옆으로는 잡목과 소나무들이 자리했다. 소나무들은 하나같이 올곧게 자란 것이 없다. 이리저리 구불거리고 수십 번 갈아입었을 표피가 덕지덕지 두껍게 붙어 있다. 거친 농부의 손등처럼 거칠다. 세월의 흔적이지만 애처롭다. 시련의 시간을 보냈음을 보여준다. 거친 토양 위에 내린 뿌리가 힘겹게 삶을 유지해 왔기 때문이다. 산등성이에는 흔한 낙엽이 쌓여 있지도 않다. 어쩌다 날아온 낙엽도 바람에 날려 다른 곳으로 가버린다. 거름기란 있을 수 없고, 오직 하늘에서 내리는 빗방울이 그나마 양식이다. 이슬을 먹고사는 풀벌레도 아닌 나무가 영양가 있는 거름 한 줌 뿌리에 내려줄 수 없으니 영양실조에 걸린 거나 진배없다. 그런데도 끈끈한 생존을 이어오고 있으니 소나무의 끈기와 기상은 칭송할 만하다.

간혹 왼쪽이 트이면 멀리 굽이쳐 흐르는 금강 줄기를 볼 수 있다. 산과 산 사이를 갈지자로 흐르는 강물은 생명의 젖줄이었고, 삶의 터전을 이루도록 기회를 제공했던 생명의 근원이었다. 정자가 놓인 곳에서 갈기산 정상으로 오르는 부분은 말의 목덜미를 기어오르듯 올라야 한다. 양쪽으로 갈라진 말갈기의 중앙 부분 위에 서 있는 느낌이다. 좁은 바위 아래는 양옆으로 낭떠러지기처럼 급경사다. 기다시피 오르려면 갈기라도 잡아야 한다. 그래서 갈기산으로 이름 지었나 보다. 목덜미에서 머리 정수리까지 가는 길이 녹록지 않다. 살아 움직이는 사자의 목덜미나 날리는 말의 목덜미를 쉽게 움켜쥐고 머리로 향할 수 없듯이 갈기산 정상으로 오르는 길이 그러하다. 정상은 큰 바윗덩어리다. 마지막 바위를 기어오르니 사방이 탁 트인 갈기산 해발 585m라는 표식이 있다. 그곳에서 만난 백구白狗는 경계도 하지 않고 슬그머니 옆에 와서 앉는다. 무슨 배짱인지 모르겠다. 주둥이가 삐쭉하고 키가 작은 체형이 얼굴만 보면 여우 같다. 떠돌이 생활을 하는 들개인지 알 수 없어 경계를 가져야 했다. 정상 북쪽 강 건

너에는 영동군에서 가장 유명하다고 할 수 있는 천태산(715m)이 수양봉과 옥새봉을 거느리고 굳세게 자리를 지키고 있다. 성인봉 방향으로 가려면 정상에서 말갈기 능선 쪽으로 가야 한다. 얼마나 말갈기와 같기에 말갈기 능선으로 이름을 지었을까 생각하니 기대된다.

로프를 잡고 바위산을 내려와 말갈기 능선으로 출발했는데 백구가 쫄랑쫄랑 따라온다. 내가 로프를 잡고 겨우 내려오는 길을 백구는 아무렇지도 않게 내려오는 것을 보니 이 산의 터줏대감 같다는 생각이 들어 쫓지 않고 동행을 결정했다. 멀리 가지도 않고 5보 이내에서 같이 걷는다. 자리를 이탈하지도 않고 천천히 걸으면 속도도 맞추어 준다. 내가 기르던 개를 데리고 산행하는 기분이다. 말갈기 능선으로 올라서자 칼바람이 휘몰아친다. 광풍이라 할 만큼 거센 바람이 밀려와 몸을 흔든다. 바람 소리는 두려움을 갖게 했다. 골을 타고 올라오는 바람이 생각보다 거셌고, 요란했다. 좁은 능선을 따라 걸어야 하는 데 거센 바람은 자칫 큰 사고로 이어질 수 있어 긴장할 수밖에 없었다. 하늘을 보면 바람 한 점 없을 것 같은데 산 정상에는 알 수 없는 바람이 쉴 새 없이 불어왔다. 맞서기보다는 피하는 것이 안전에 상책이다. 능선에서 조금 아래로 내려가니 바람 한 점 없다. 신기했다. 어떻게 머리 위로는 거센 바람이 불어오는데 겨우 몇 발짝 내려와 앉았더니 바람을 전혀 느낄 수 없었다. 점심을 먹으며 화가 난 듯한 바람 소리가 허공에 울려 퍼지는 소리를 들을 수 있었다. 자연은 우리가 생각했던 것과는 전혀 다른 얼굴을 하고 있다. 보이는 것이 전부가 아니라는 말이 있듯 그냥 눈으로 보는 것으로는 이해할 수 없는 것이 존재한다. 점심을 백구에게 나누어 주니 참 맛있게 먹는다. 배가 고파서 따라온 것 같다. 배낭을 메고 온 사람들이 종종 배낭에서 먹을 것을 꺼내주니 누구라도 따라오면 점심 한 끼 해결할 수 있다는 생각에서 따라왔으리라. 그렇게 생각하고 왔다면 성공한 게다. 동물도 어떻게 살아야 생존할 수 있는지를 안다. 강압적이고 윽박지르지 않아도 옆에서 친근감만 표시하면 얼마든지 생존을 할 수 있다는 걸 아는 학습효과로 터득했으리라. 백구의 이름을 '갈구'로 정했다. 진짜 이름은 모르지만 나와 동행하는 동안 편하게 부르는 이름으로는 괜찮다 싶다.

점심을 먹고 바람을 헤치며 말갈기 능선을 지났다. 톱날 바위 위를 아슬아슬하게 지나오면서 두려움도 있었지만, 양옆으로 탁 트인 경관은 이런 수고로움에 대한 보상처럼 다가왔다. '차갑고개'에 이르러 성인봉이 아닌 '소골'을 따라 내려오는 길을 택했다. 자사봉과 월영봉을 거쳐서 내려오는데 소요될 시간을 예측하기 어려웠기 때문이다. 내려오는 길은 내리막길이 심했다. 낙엽이 많이 쌓여 미끄러웠다. 너무 경사가 심해 S자 형태로 길을 만들었지만 그래도 경사도가 심해 미끄러지기 일쑤였다. 두어 번 넘어질 뻔한 위태로운 상황도 연출되었지만 그나마 잘 내려왔다. 절반쯤 내려오자 흐르는 계곡물도 볼 수 있었다. 한여름에는 계곡물이 많이 흐를 것 같다. 계곡이 넓고 큰 바위들이 널려 있는 것을 보면 여름 호우시에는 피해서 산행을 택해야 할 곳이다. 양쪽에 산을 두고 있어 비가 오면 계곡물이 쉽게, 많이 불어날 수 있는 위치이다. 잡목 사이에는 오랫동안 자란 머루덩굴이 어지럽게 널려 있다. 누군가 톱으로 밑동을 잘라 보기 흉한 곳이 많았지만 큰 나무 위까지 줄기를 올려 보낸 걸 보니 수십 년 이 산자락을 지키며 터줏대감 노릇을 해왔을 것 같다. 작은 잎새가 고개를 내밀고 풍요로운 결실을 준비하고 있다. 가을에 찾아오면 머루 냄새가 진동할 것 같아 기대된다.

하산을 마칠 때까지 길을 안내해 주던 갈기가 사라졌다. 옆에서 계속 따라오거나 앞장서서 산을 내려왔는데 민가 근처에서 보이지 않았다. 집을 찾아간 것인지 다른 식사 처를 찾으러 간 것인지 알 수 없지만 아무 인사도 없이 사라져 버려 아쉽고 허전하다. 갈기도 좋은 주인을 만나 산에서 걸식하며 지내지 않았으면 좋겠다. 지금이야 춥지 않아 큰 문제가 없지만, 겨울이 되면 먹을 것이 부족하여 등산객들이 주는 식사만으로 생존하기 어려울 수 있다. 세상 만물의 이치는 인연이 닿아야 한다. 인연이 닿아 나와 만났듯이 좋은 주인을 만나는 것도 갈기의 운이고 복이리라.

하루 고단한 산행을 하면서 힘겨웠던 4월을 정리해 본다. 언제나 꽃길일 수 없는 것이 세상사는 일이다. 스스로 원하든 원하지 않든지 간에 필연적으로 이루어지는 것을 막을 도리도 없다. 역행하며 거슬리지 말고 순응하며 순리에 따를 때는 따라야 한다. 그것이 편하고 엉킨 실타래를 쉽게 풀어내는 이치일 수 있다.

갈기를 펄럭이며 초원을 호령하는 사자는 위엄을 갖춘 동물의 지존이고, 갈기를 휘날리며 초원을 달리는 말은 초원에 없어선 안 될 존재이듯, 영동의 갈기산은 등산가들에게 아름다운 산행을 각인시켜주는 행복한 산으로 기억되리라. 그곳에 내가 서 있었다는 사실이 행복하다.

믿음과 의심

무심천에 하늘거리던 벚꽃 물결이 어느새 연초록 잎새에 자리를 내주었다. 며칠 전만 해도 하얀 은물결이 바람이 불 때마다 요동쳤다. 코로나 여파로 사회적 거리두기가 한참 시행되던 때라 사람들이 외출을 자제한 때문인지 꽃길은 한산하고 조용하였다. 요란하게 왁자지껄하던 함성이나 말소리도 없어졌다. 밤늦도록 인산인해를 이루던 인파의 모습도 보이지 않았다. 쓸쓸하다 못해 처연하도록 봄이 지나가고 있는 사이에 사람들의 시름은 더 깊어졌다. 보이지 않는 답답함은 계속되고, 외출하지 못하는 일상에서 스트레스가 폭발할 만큼이나 가득 찼다. 누가 누구를 위로할 상황도 아니다. 모든 지구상의 사람들이 비슷한 형태의 스트레스를 경험하는 중이다.

국회의원 선거가 코앞인데 관심을 갖는 사람도 별로 없다. 선거에 출마한 사람들만 답답한가 보다. 사람들이 모이길 꺼리니 다수를 모아 놓고 연설하기도 민망하고, 누가 감염자인지 확인할 수 없는 사람들은 타인을 경계한다. 믿음이 사라지는 느낌이다. 괜히 누군가가 다가오면 마스크부터 착용한다. 보이지 않도록 조심하며 혹시나 하는 의구심에 자신을 방어하기에 바쁘다. 그렇다고 욕을 할 수도 없다. 오히려 나를 보호해 줄 거라는 생각에 안심이다. 고맙다고 인사하고 싶을 정도다. 믿음과 의심 사이에서 고민하는 나를 본다. 타인도 같은 심정이라고 생각한다. 조심한다는 바탕에는 의심하고 있다는 전제가 포함된다. '당신이 혹시 감염자일지 모른다는 생각에서 나는 마스크를 쓰겠습니다'하고 내 의중을 보여주는 것이다.

살아가면서 남을 의심하지 않고 살아갈 수 있을까? 라고 물으면 나는 단연코 '아니다'라고 말할 것이다. 그만큼 살아오면서 타인으로부터 거짓말에 속으며 손해를 본 것이 많은 까닭이다. 사소한 거짓말은 물론 금전적으로도 손실을 보았는데 그 이유도 너무 믿었기 때문이다. 황당한 이유를 들어 거짓말하고 있었음에도 이를 의심하지 않고 곧이곧대로 믿는 바람에 돈도 날리고, 마음도 다치고, 사람도 잃어버렸던 경험이 있다. 이제는 누군가의 솔깃한 제안이 들어오면 두드리고 흔들어보며 튼튼한 진실인지 파악하기에 바쁘다. 순수하게 그냥 믿는 것 자체를 바보들이나 하는 것처럼 속단하고 있다. 사람이 사람을 믿지 못하는 불신의 시대에 살고 있다는 것이 힘들고 서글프다. 왜 이렇게 우리 사회가 타인을 믿지 못하는 상실의 시대로 넘나드는지 안타깝다.

믿음과 진실은 순수하고 착한 사람들의 마음속에만 있는 단어인지 모른다. 타인을 이용하고 타인으로부터 무엇인가를 거저 얻거나 빼앗으려는 생각을 가진 사람에게 순수나 진실은 없다. 거짓과 음모와 불신만이 있을 뿐이다. 타인이 손해를 보든 말든 나만 이익을 취하면 된다는 그런 마음가짐을 가진 다수의 사람이 진실이나 믿음과 신뢰라는 단어를 추구하려고 하겠는가. 이행하지 못할 약속을 밥 먹듯이 하고, 임기응변이나 권모술수로 그 난처한 상황만 모면하면 된다는 생각으로 타인을 속이고 배신하고 거짓말로 포장하려는 사람들이 우리 사회에 너무나 많다는 것은 슬픈 일이다. 특히나 정치인들의 언행은 이미 사람들의 신뢰를 저버렸다. 그들의 달콤한 말들은 더는 진실이 아니라고 믿는 사람들이 다수인 것이 현실이고 보면 이번 총선을 바라보는 답답한 민초의 머릿속은 하얘질 수밖에 없으리라.

카메라를 둘러메고 보은 보청천변을 찾았다. 천변에는 20km나 되는 벚꽃길이 조성되어 있다. 천변 언덕에 두 줄로 심은 벚나무들이 자라 어느덧 하늘을 가릴 만큼 굵어졌다. 이 천변에 벚나무 길을 조성한 사람에게 선지자의 모습을 보여준 것에 대해 감사한다. 그는 이 벚나무 길을 조성하며 분명 아름다운 꽃길이 완성되리라는 믿음을 가졌으리라. 그 믿음이 없었다면 이렇게 길고 아름다운 벚나무길 조성은 성공하지 못했을지 모른다. 확신에 찬 결단과 추진력이 전국에서 손에 꼽힐 만한 성과를 만들어 낸 것이다.

먼저 도착한 사람이 포인트에 앉아 촬영에 열중이다. 얼른 마스크를 꺼내 썼다. 텅 빈 천변에서 만난 한 사람 때문에 마스크를 꺼내 쓴다는 것이 나를 뻘쭘하게 한다. 낯선 상대에게 인사를 건네기도 어려워 슬면서 옆에 카메라를 세웠다. 그러자 그 사람은 다 찍었다면서 안에 들어가서 찍으란다. 마스크를 착용한 탓에 얼굴을 자세히 볼 수는 없었지만 혼자서도 마스크를 착용하고 촬영하고 있었나 보다. 경계심을 가지고 다가갔던 내 행동이 부끄러워졌다. 당당하게 마스크를 착용하고 다가가서 인사라도 했다면 하는 아쉬움이 미련처럼 남았다.

봄 햇살에 반짝이는 바람이 일렁인다. 한낮의 무료함을 달래던 벚꽃들이 화들짝 놀라 일어선다. 오가는 사람도 없어 편안하게 쉬려는데 느닷없이 바람이 심통을 부리니 벚꽃으로서는 귀찮은 존재가 찾아와 말을 거는 꼴이다. 예년 같으면 나무 그늘에 오가는 발소리가 넘쳐났을 텐데 사람들의 두런거리는 소리조차 들리지 않는다. 영문도 모르는 벚나무는 생애 처음으로 몸에 기대어 피곤하게 하는 사람들이 없어서 좋은가 보다. 다섯 장의 꽃잎은 더 화사했고, 꽃술은 더 튼실하고 노래졌다. 꽃잎 중앙 부위는 영사 가루를 뿌려 놓은 듯 붉게 물들었다. 치장을 마친 꽃은 미소를 머금고 벌을 기다리는 중이다.

카메라의 찰칵거리는 기계음이 경쾌하다. 조금 더 강한 바람이 불었으면 하는 기대를 해본다. 눈처럼 휘날리는 꽃비를 찍고 싶다.

마늘

연일 계속되는 장맛비에 집 안 구석구석이 끈적거리고 곰팡이가 피어난다. 코로나19로 봄은 엉망으로 사라졌고, 여름이 되자 장마가 기승이다. 얼마나 더 많은 비가 내릴지 모른다며 연신 언론매체는 산사태와 집중호우 경보를 뿜어낸다. 뜨거운 태양의 불볕이 이렇게 그리운 적이 있었는지 모르겠다. 평년 같으면 뜨거운 햇살과 더위 때문에 못 살겠다고 엄살을 부리며 에어컨 바람 속으로 숨어들었으리라. 참으로 간사한 것이 사람의 마음이라더니 지금 내가 그런 마음이다.

스포츠 골프 채널에 빠져 늴브러신 꼴이 보기 싫었던지 아내는 물에 불린 마늘을 가져와 같이 까자고 한다. 매운 마늘 냄새가 진하게 밀려온다. 마늘을 까겠다고 가져온 양을 보니 며칠 먹을 분량이 아니라 두 접이나 된다. 까기 싫다고 모른척하거나 도망칠 수도 없다.

얼마 전 트럭에 마늘을 가득 싣고 온 상인이 마을로 들어와 "의성 마늘이 왔다"면서 방송했다. 마당에서 풀을 뽑고 있는데 옆집 형수가 "마늘이 좋고 가격도 싸네요. 사 놓으세요"하고 말했다. 아내와 상의 없이 마늘을 사 놓으면 분명 아내한테 핀잔을 들을 것 같아 확인차 전화했다. "사지 마세요" 아내의 대답은 간결하고 단호했다. 하여 마늘 사기를 포기하려고 할 때 "왜 안 사요?"하고 옆집 형수가 재차 묻는다. 주변의 엄호를 받으며, 가격이 저렴한 것으로 두 접을 사버렸다. 구입한 마늘의 줄기는 모두 잘라 버리고 통통한 마늘만 양파 자루에 넣어 놓았다. 제법 묵직했지만 내 눈에도 마늘의 크기가 약간 작아 보여 까려면 힘들겠다는 생각이 든다.

퇴근하고 돌아온 아내는 내가 사 걸어 놓은 마늘을 보고 "사지 말라고 했는데 왜 샀어요?"하며 핀잔을 준다. "싸서 사 놓은 거야"라고 말하자 아내는 "그럼 누가 깔 건데?"라고 다시 묻는다. 나는 이 상황을 모면하기 위하여 얼떨결에 "내가 다 까줄게"라고 대답했다. 내가 까 준다고 하자 아내는 마늘에 대해서 더는 이야기를 하지 않고 넘어갔었다.

지금 아내는 내가 까주기로 했던 그 마늘을 까달라고 가지고 온 것이다. 쌓아 놓은 마늘을 바라보니 한숨부터 나온다. 칼을 꺼내 맨손으로 마늘의 껍질을 벗기기 시작했다. 물에 불렸어도 얇은 속껍질은 잘 떼어지지 않는다. 마늘의 아릿한 냄새가 계속하여 코끝을 자극한다. 두꺼운 겉껍질은 물에 불어 쉽게 벗겨졌지만 작은 마늘에서 껍질을 까는 노력은 손이 많이 간다. 까도 까도 끝이 보이지 않을 것 같은 마늘도 몇 시간을 웅크리고 까다 보니 차츰 바닥을 보였다. 반대급부로 손끝은 아리고 눈이 따갑다. 코가 맹맹하고 눈물이 스멀거린다. 마늘까기가 이렇게 힘든 줄 몰랐다. 간혹 까놓은 마늘을 다져주기는 했지만, 양이 많지 않아 별로 힘들이지 않고 해주었는데 지금 상황은 마늘 조금 다져주는 것과 크게 다르다. 아내도 연신 물에 손을 담근다. 장갑을 끼었는데도 손끝이 아리단다. 생존을 위하여 까는 것도 아닌데 콧물을 훌쩍이며 눈물을 훔친다.

30년 전 결혼 초였다. 마늘을 생존을 위해 까던 시절이 있었다. 그때만 해도 나는 공부한다고 연구실에 눌러앉아 돈벌이가 없었다. 아내는 임신한 몸으로 매일 부업으로 마늘을 깠다. 보통 하루에 한 자루 정도의 마늘을 깠는데 품삯으로 3,000원가량을 받았다. 집에 들어가면 온 집안에 매캐하고 아린 마늘 냄새가 진동했다. 나는 집에 들어올 때마다 마늘의 아린 냄새가 싫었다. 그런데도 아내의 손끝이 아리고 쓰라릴 것이라고는 생각하지 못했다. 그렇게 번 돈이 생활비가 되었고, 유일한 수입원이었다. 마늘 냄새가 싫어도 그만두라고 할 용기도 없었다. 그만큼 돈을 벌어야 할 절실한 이유가 있었다. 당시 마늘 까기는 아내에겐 살기 위한 수단이었다. 하루 3,000원이 그때라고 하여 생활에 많은 보탬이 될 수 있는 돈도 아니었지만 쌀을 사고 밥 정도는 지어 먹을 수 있었다. 눈물을 흘리며 까야 했던 마늘이 집안의 유일한 생계 수단이라면, 필사적일 수밖에 없다. 밤늦게까지 마늘을 까다가 눈이 쓰라리고 아프면 부채로 눈에 시원한 바람 한 줄 넣어 주는 것이 전부였다. 그렇게 아린 냄새와 씨름을 해야 했던 그 시절 마늘은 내가 농사지은 것은 아니어도 우리에겐 생존을 위한 구세주였다.

마늘의 아린 맛을 다른 식자재와 비교해도 독한 면이 있다. 얼마나 독하면 곰이 사람으로 변하기 위한 인내심을 실험하는 도구로 쓰였을까 하는 생각도 해본다. 곰이 마늘을 먹는 행위는 생존보다는 염원이었으리라. 호랑이는 사람이 되고 싶은 염원을 마늘의 쓰라린 맛에 굴복해 항복을 선언했다. 그만큼 마늘의 아릿한 맛은 쉽게 친해질 수 없는 독특한 향료이며 식자재다. 마늘을 불에 구우면 아린 맛도 줄어들고 건강에도 좋다고 하여 많은 사람이 애용한다. 특히 우리나라 사람들에게 마늘은 고기를 먹을 때나 김치를 만들 때 없어서는 안 될 식자재다. 아리고 강한 맛이지만 알싸한 그 맛에 길들어진 우리로서는 이를 멀리할 수도 없게 되었다.

오늘 마늘을 까는 것은 내가 먹기 위해서라기보단 아내에게 야단맞지 않기 위해서다. 결혼 초기에 생존을 위해서 마늘을 깠다면 지금은 음식에 풍미를 더하고 맛을 즐기기 위한 재료로 사용하기 위해 깐다. 먹는 것도 생존을 위한 것이기는 하지만 즐기기 위한 것과 경제적 목적은 다르다. 경제적 목적으로 까는 것은 시간과 많은 양을 위한 노동이 뒤따르지만, 입맛을 위해 까는 것은 시간과 양이 필요치 않다. 적당량이면 된다. 어떤 목적에서 까느냐에 따라 일이 될 수도 있고 즐거운 놀이가 될 수도 있다. 이왕지사 하는 거면 놀이처럼 즐겨보자는 생각이다. 그렇게 몇 시간이 흐르자 껍질을 쓴 마늘은 모두 사라지고 하얀 피부를 가진 탱글탱글한 알짜만 남았다. 무릎도 아프고, 허리도 쑤시고, 눈도 따갑고, 손끝도 시리다. 언제 끝나나 하는 우려는 사라졌다.

마늘껍질을 봉투에 담으며 호기에 찬 목소리로 아내에게 한마디 던져본다.
"깔 마늘 더 없어?"

룰rule

화사한 계절이 그립다. 회색빛으로 덧칠해진 우울한 계절이 지나고, 연초록 녹음으로 우거지고 파란 하늘에 뭉게구름 한 조각 노니는 계절이다. 절기節氣상으로 지금이 그런 계절이지만, 사람들의 마음에서 보면 탁한 시계視界에 뿌연 미세먼지로 가득 찬 듯한 우울한 일상日常이다. 무엇하나 딱 부러지게 신나고 기분 좋은 일거리는 없어 보인다. 처지고, 없고, 안되고, 힘들고, 조심하고, 분통 터지는 부정적인 이미지로 가득한 내용이 뉴스를 도배하다시피 하니 더 우울하다.

시인 이육사李陸史는 칠월을 청포도가 익어가는 시절이라고 노래했다. 청포도 알갱이마다 마을의 전설이 주저리주저리 열리고 먼데 하늘이 꿈꾸며 알알이 들어와 박혀… 시를 보면 편안하고 안락한 전원풍의 시골이 그려진다. 누구나 꿈꾸고 싶은 고향의 아름답고 행복했던 정취는 칠월에 더 무르익고 그리워지며 추억의 샘골을 자극한다.

사람들은 사회생활을 시작하며 규칙을 만들기 시작했다. 혼자서 마음대로

하던 것들도 두 사람 이상이 모이면 나름대로 규칙이 필요했기 때문이다. 서로의 의견을 모아 만들어진 규칙은 서로 간에 이를 반드시 지켜야 할 덕목으로 삼았다. 국가는 서로 다른 생각을 가진 사람들이 함께하는 것이라 룰 보다는 조금 넓은 범위를 포괄적으로 관리하는 법규를 만들었다. 법규는 국민이라면 반드시 누구나 지켜야 하는 가장 최상위의 규율이 되었다. 이를 지키지 않으면 국가는 지키지 못한 자에게 형벌로 응징했다. 마을에는 권선징악과 상부상조를 목적으로 향약鄕約을 만들어 사용했다. 문중에는 문중 나름의 규약을 만들었으며, 같은 목적을 가진 사람들은 나름대로 친목과 공제共濟를 목적으로 한 종계宗契, 혼상계婚喪契, 경제적 곤란을 타개하기 위한 호포계戶布契, 농구계農具契 등 계契를 만들어 나름대로 계율契律을 지켜왔다.

당시 사람들은 이 계율을 지키지 않으면 마을에서 발을 붙이고 살아갈 수 없었다. 계율은 나라의 국법國法보다 더 가까이에서 접하는 덕목德目이다 보니 엄하게 구성원들을 제약했다. 이를 지키지 않는 것은 곧 구성원으로서의 존재가치를 상실하는 것이었다. 계율을 지키지 않는 사람은 신의가 없는 것이며, 상종相從하지 못할 존재로 낙인烙印찍혔다. 신의信義를 목숨처럼 지키던 사람에게 룰을 저버린 행위는 구성원 사회에서 매장賣場되는 것과 매한가지였다.

현대에도 우리는 많은 룰 속에 살아간다. 그 룰은 구성원이라면 지켜야 할 원칙이다. 룰을 지키지 않으려면 그 모임의 구성원에서 탈퇴해야 한다. 그렇지 않다면 그 모임이 제대로 운영되기 어렵다. 그런데도 자신에게 불리하다는 이유로, 자기 의사意思에 반한다는 이유로, 일을 추진하는 사람이 마음에 들지 않는다는 이유로 구성원이 지켜야 할 룰을 깨고 반대 입장을 취함으로써 모임의 존재 자체를 부정하는 것과 같은 모양새를 보여주기도 한다. 이렇게 되면 그 모임은 흔들리고 다른 회원들에게 당당한 모습을 보여줄 수 없다. 조직이 깨지고 흩어지는 것은 순식간의 일이다. 모래성을 쌓아 놓은 후 조금씩 물을 부어 굳혀나가야 튼튼하게 세월을 이기게 된다. 그러나 모래성을 쌓자마자 바람이 불거나 거친 비가 쏟아지면 아무런 흔적도 없이 사라져 버리는 것처럼 조직도 구성원이 룰을 지키며 다독이며 서로 믿음을 이어갈 때 강하고 튼튼한 조직이 된다.

얼마 전 벌어졌던 일은 도저히 있어서는 안 될 사건이었다. 같은 조직 내에서 경쟁한다는 것은 곧 경쟁이 마무리되었을 때 그 결과에 승복하겠다는 의미로 해석된다. 그렇기에 경쟁을 나서려는 사람은 자신이 경쟁에서 승리할 수 있다는 믿음과 설사 경쟁에서 패배했다 해도 그 결과에 승복하겠다는 마음가짐으로 경쟁에 임하는 것이다. 누구 키가 큰가를 재는 것처럼 자만 들이대 승자를 결정하는 것이 아니라면 단체 나름의 선정방식과 경쟁자들을 심사할 심판을 정한다. 그렇게 정해진 심판들은 경쟁자들의 여러 가지 정황과 실적을 감안하여 심사하고 최종 승자를 정한다. 승자가 둘이 될 수 없기에 어차피 최종 승자는 하나이다. 이렇게 선택된 자는 그 단체의 대표성을 부여받는 것이다. 그러나 이 선정 결과에 불복하면 많은 문제가 따른다. 결과에 승복하지 않아 조직의 권위는 땅에 떨어지게 된다. 조직의 권위가 떨어지면 다른 사람들의 손가락질을 받거나 조직이 무시당하는 결과를 초래하여 조직의 존폐에도 영향을 미칠 수 있다. 경쟁했던 상대방에게도 많은 부담과 스트레스를 주게 된다. 간혹 자신이 다른 시각에서 더 나은 결과로 선정되어도 이미 한 번의 패배와 불복으로 인해 영광보다 더 처절한 상처를 입게 된다. 조직을 배반하였다는 배신자의 낙인이 찍히는 것은 물론 결과에 승복하지 못하는 신의가 없는 사람으로

치부된다. 같은 조직 내에서 다른 회원들과 같이 공존하기도 어렵다. 그래서 룰이 필요한 것이다. 룰은 조직의 구성원이라면 반드시 지켜야 하고, 결과에 승복해야 하는 최소한의 규칙이며 스스로 지키려고 몸가짐을 바르게 하는 덕목이다.

스트레스로 가득했던 며칠이다. 마음을 쉽게 접으면 편안한 것을 마음을 내려놓지 못하고 전전긍긍하다 시간만 허비했다. 뒤돌아보면 아무것도 없는 허상虛像인 것을 나는 무엇에 그토록 목을 매고 있었을까. 무엇을 얻고자 그런 영욕에 마음을 비우지 못하고 세속에 찌든 얼간이처럼 마음을 끓였을까. 아직도 부족한 것이 많은 중생衆生인가 보다. 마음을 비우고 버리면 편안해지는 것을. 이제 내 나이도 환갑을 바라보는 초로初老의 나이이건만 마음을 쓰는 씀씀이는 불혹不惑의 유혹도 견디지 못하는 못난 사람이란 생각을 하니 머리를 한대 얻어맞은 듯 멍하다.

내가 먼저 비우면 안 될까. 내 마음에 물어본다. 복잡하게 엉킨 실타래를 머리에서 비우면 된다. 다시 흔들리는 머리에 묻는다. 이성理性을 찾고 냉정하면 쉽게 답을 얻을 수 있는 것도 이처럼 고지식하고 욕심을 버리지 못해 고민하고 있으니 아직 한참을 더 수도修道해야 하나 보다. 깨우친다는 것은 큰 것을 하나쯤 잃어버려야 얻게 되는 교훈인가 보다. 남의 허물이 커 보여도 내가 이를 받아주지 못하고 비난하면 내 허물 또한 그럴 게다. 룰을 조금만 지켰더라면 얼마나 좋았을까를 생각해 본다. 아직도 허한 마음을 다독이며….

죽림竹林

비바람이 어지럽게 몰아치며 광풍狂風이 불었다. 봄에 내리는 비치고는 너무 거칠어 꽃들도 견디지 못하고 꽃잎이 땅바닥에 뒹굴거나 꽃대에 겨우 몸을 의지하고 고개를 숙였다. 아직 꽃들이 세상에 나와 할 일을 다 하지도 못했건만 비바람의 심술을 당해낼 재간은 없어 보인다. 떨어진 꽃들만 문제가 아니다. 꽃이 없으니 꿀이 없고, 꿀을 모아야 하는 벌들도 낭패다. 사람들은 코로나바이러스에 비명을 지르고, 꽃은 광풍에 몸서리를 친다. 맑고 푸르러야 할 5월이 심상치 않다.

바람에 떨어진 잔가지가 정원에 아무렇게나 흩어져 있다. 잔디를 깔끔하게 깎았는데 밤새 바람이 엉망으로 만들었다. 주섬주섬 나무에서 쏟아져 내린 부유물과 잔가지를 모아 퇴비를 모아두는 곳으로 가져가다가 신기한 풍경에 입이 벌어지고 말았다. 이십여 개는 될 것 같은 죽순竹筍이 땅을 헤집고 고개를 밀며 올라오는 것이 보였다. 그것도 현재 크게 자란 대나무보다 3배 정도는 굵어 보였다. 어떻게 저렇게 굵은 대나무가 우리 집 뒤꼍에서 자랄 수 있는지 신기

하고 의아했다. 그것도 한두 개가 아니라 이십여 개가 동시에 올라왔다. 모종으로 심었던 것에 비하여 굵기도 너무 굵었다. 우후죽순雨後竹筍이라고 하더니 이래서 그런 말이 생겼나 보다.

내가 처음 대나무를 보고 놀란 것은, 아니 정확히 말하면 대나무 풍경을 보고 놀란 것은 어린 시절 큰집 벽에 걸려 있던 달력에 인쇄된 사진 한 장에서다. 눈이 내린 대나무밭을 촬영한 사진 속 대나무가 하늘을 향해 쭉쭉 뻗어 있었는데 얼마나 굵고 키가 컸던지 어린 내 뇌리에 대나무의 새로운 모습을 인지하는 계기가 되었다. 당시 내가 볼 수 있었던 살아있는 대나무라고는 산에 자생自生하는 가늘고 키가 작은 조릿대 정도였다. 그리고 대나무를 이용하여 만든 광주리나 봄에 볍씨를 뿌리고 비닐을 씌우기 위하여 사용하던 활대와 상가喪家에서 슬픔을 가누지 못하는 상주喪主가 의지해 짚고 서 있던 어른 손가락보다 굵은 정도의 지팡이가 전부였다.

중부지방에 살았던 내가 땅에서 자라는 키 큰 대나무를 볼 수 없었던 것은 어쩌면 당연한 일인지 모른다. 대나무는 화강암과 편마암의 토양을 좋아하여 우리나라 대부분 토양은 생육환경에 알맞지만, 온도는 15~30℃ 사이를 좋아해 충청도 이북 지방에서는 생육환경이 맞지 않는다. 주로 난대지방 강수량이 많은 지역에서 자라는 대나무는 왕대苦竹(참대나무)의 경우 영하 10℃, 솜대甘竹는 영하 15~16℃, 죽순대는 영하 18℃가 최저 한계온도라고 한다. 대나무는 기온이 낮아지면 잎 세포에서 물이 빠져나와 얼음으로 변하여 잎이 죽게 되고, 저온低溫에서는 광합성 능력이 떨어져 유기물의 합성정지, 수분부족 등으로 추운 날씨를 견디지 못하고 얼어 죽는다.

대나무 하면 떠오르는 곳이 전남 담양이다. 담양에서 생산된 죽세공품을 최

고로 여긴다. 대나무 생육에 가장 알맞은 기후와 풍토를 가졌기에 대나무의 품질이 좋다. 나는 매년 담양으로 죽순과 대숲을 촬영하고자 대나무밭을 찾곤 했다. 5월 죽순이 올라올 때는 대나무밭 주인들이 혹시 죽순을 훼손하거나 꺾어 갈까 봐 출입을 금지하기도 하지만, 몇몇 장소는 대나무밭에 들어가는 걸 봐준다.

담양의 대나무밭에 가면 지름이 10cm 정도 되는 죽순이 대나무 사이에서 올라온다. 몸통은 시커멓고 머리끝에는 길쭉하게 연초록 나사를 올려놓은 듯한 모습이다. 하늘까지 닿을 듯 뻗어 올라간 가지가 바람에 흔들리며 기분 좋은 노랫소리를 들려주기도 한다. 서걱거리며 스치는 소리는 갈대 소리 같지만, 그보다는 부드럽다. 가지와 잎새를 부딪치며 바람에 흔들릴 때마다 굵은 대나무 몸통을 통해 들리는 소리는 타악기 소리가 아닌 현악기 소리 같다. 어떤 때는 현악기에서 북소리처럼 울림통을 울려주기도 한다. 가만히 눈을 감고 앉아 있으면 귓가를 맴돌며 나르는 날갯짓 소리도 들린다. 그럴 때 감상에만 빠져 있으면 예기치 않게 강제로 헌혈獻血을 당할 수 있다. 수많은 모기떼가 공격을 해오는 신호이다.

내가 대나무를 집 주변에 심었던 것은 몇 해 전 일이다. 지인知人이 화분에 심은 1m도 채 안 되는 대나무 화분을 선물로 주었다. 화분에 심은 것이라 겨울에는 집안에 들여놓으며 기르다가 땅에 심어보기로 했다. 겨울을 견딜 수 없다는 걸 알지만, 모험을 선택했다. 화분이 크지 않아 심기에도 적당하고 집안에 대

나무를 심으면 안 된다는 말이 있어 집 뒤편 공지空地에 심었다. 그리고 1~2년이 지나자 엄지손가락 정도 굵기의 죽순이 올라오더니 옹기종기 무더기를 이루며 한 모퉁이를 점령했다. 대나무가 제자리를 잡으면서 한 폭의 풍경화가 만들어졌다. 비가 내리거나 눈이 내리면 대나무 가지가 길을 막고 늘어지는 운치도 볼 수 있다. 인근에서 이런 경치를 보기 어렵다는 점이 더 기분을 좋게 했다. 대나무만을 보여주는 것만이 아닌 봄이면 새들의 보금자리가 되고, 바람이 불면 바람 소리에 춤도 춘다. 겨울이 몇 번을 지났지만 얼어 죽는 것 없이 모두 잘 견디고 있다. 추운 날씨도 있었지만 지구 온난화로 중부지방의 기온이 올라가기 때문에 대나무의 생육한계점도 올라가는가 보다.

하나 둘 죽순이 올라와 작은 대숲을 이루니 화분을 선물했던 사람에게 큰 고마움을 느낀다. 예상하지 못한 대숲이 만들어지며 집 주변의 풍경이 변하였다. 땅을 헤집고 씩씩하게 하늘을 향해 올라오는 죽순이 사람들을 대면하기 어려운 이 계절에 큰 위안이 된다. 빨리 성장해서 왕대 숲을 만들어 주면 좋겠다.

어린 시절 달력 화보畫報에서 보았던 눈 내린 대숲의 황홀한 감동을 지금이야 느낄 수 없지만, 시간을 내 담양까지 왕대 숲을 찾아가는 수고 정도는 덜어줄지도 모른다. 눈이 내리는 날 밤 가로등 불빛에 어른거리는 대나무 가지가 겨울 서정을 꺼내 들도록 유혹한다면, 그 유혹에 넘어가 시詩 한 수 지을 수 있으리라. 그런 기대감으로 가슴이 설레는 것을 보면, 나도 나이를 먹는가 보다.

거침없이 솟구치는 죽순의 열망이 머지않아 작지만, 대숲을 만들어 낼 것이다. 그 성장을 바라보며 눈 내리는 밤 멋진 시를 짓기 위해서라도 나도 열심히 시상詩想을 생각해 봐야겠다. 눈 내리는 죽림竹林을 보며….

원정리 느티나무

가을바람이 살랑인다. 코로나 여파로 공장 가동이 줄고 자동차 등 미세먼지를 발생시키던 요소들이 줄자 하늘이 파래졌다. '언제 저렇게 파란 하늘을 보았지'하고 반색하는 사람도 있다. 예전엔 가을 하늘은 언제나 파랗고 높다는 것을 당연한 것으로 여겼다. 그런데 언제부터인가 가을 하늘의 파란색은 사라지고 뿌연 미세먼지로 가득 차 외출을 꺼릴 지경이 되었다. 이는 우리나라만의 현상을 넘어 전 세계 대부분의 나라에서도 비슷하다. 산업화와 무분별한 오염 배출로 인한 지구 환경의 파괴가 원인이다.

1년 가까이 계속되는 코로나로 스트레스를 날릴 겸 보은 원정리 느티나무(보은군 지정 제6호 보호수)를 찾아가 보기로 했다. 얼마 전 '보은 원정리 느티나무가 죽어가고 있다'라는 이야기를 들어서다. 거대한 느티나무 가지 대부분이 말라 죽고 겨우 몇 개의 가지에 의존해 고사枯死 직전이란다. 그 이야기를 듣는 순간 왜? 라는 의문이 먼저 생겼다. 적어도 500년이나 땅속에 튼튼하게 뿌리를 내리고 살아왔던 늠름하고 기품있던 느티나무가 그렇게 쉽게 시들어간다는 것을

이해할 수 없어서다. 나무의 크기나 기존의 영양 상태로 보았을 때 자연적 환경에 의한 고사라고는 생각할 수 없었다. 아마도 누군가가 고의로 나무를 죽게 하려고 제초제를 뿌리에 뿌린 것이 아닌가 하는 의구심이 들었다. 제초제가 아니라면 표시도 나지 않게 거대한 나무를 쉽게 고사시키기는 어렵다. 제초제로 인해 조금씩 나무가 죽어갔고 회복하기 어려운 상황에 놓인듯하다.

보은IC를 통해 마로면 원정리에 도착하니 누렇게 벼가 익어가는 황금빛 들판이 넘실댄다. 벼는 고개를 숙이고 바람에 흔들린다. 익을수록 고개를 숙이는 벼처럼 사람들의 인성도 나이가 들수록 겸손해지고 고개를 숙이면 좋으련만 그렇지 못한 사람도 많다. 인성이 있는 사람이었다면, 500년이 넘은 나무를 죽이려고 시도했겠는가.

넓은 농토에 가득한 황금빛 나락은 그대로인데 흉물스럽게 검은 가지를 내놓고 서 있는 느티나무가 눈에 들어온다. 아무것도 걸치지 못했다. 아직 찬 바람이 불지도 않는데 작은 잎새 하나 없었다. 부끄럽지도 않은가 보다. 아니 부끄러움을 느낄 수 있는 여력은 이미 모두 빠져나가 버렸다. 앙상한 가지도 불어오는 바람에 꺾일 듯 힘이 없다. 당당했던 모습은 온데간데없고 마른 나뭇가지가 검게 변해 흉한 몰골이다. 안정적인 형태의 모습을 지녔던 과거에 비해 논과 접한 우측 가지의 반은 이미 사라져

고사되기 전 느티나무

버렸다. 좌측은 농로農路와 평평하게 흙을 채워 뿌리를 깊게 보호할 수 있었지만, 반대편은 나무 밑동이 논바닥과 같아 누군가 고의로 약물을 주입해도 이를 막을 방법이 없었을 게다.

예전 느티나무는 아이들에게 놀이터였다. 길게 이어진 농로를 아이들은 자전거를 타고 내달리다 힘이 들면 그늘에 앉아 쉬거나 나무 위로 오르내리며 놀던 곳이다. 농부들도 힘든 일과에서 잠시 벗어나 땀을 식히며 새참이나 점심을 먹던 장소였고, 곤하면 그늘에 누워 낮잠을 청하던 고마운 나무였다. 가을 보청천변에서 피어난 운무雲霧가 내려와 앉으면 황금빛 들판에 당당하게 서서 운무와 숨바꼭질을 해가며 찾아오는 사진작가들에게 고고한 자태를 보여주었던 생동감 있고 활기찬 나무였다. 보은지역의 대표적 출사 명소가 되었고, 그렇게 촬영된 사진들은 매년 달력의 한 페이지를 차지할 정도로 인지도가 높았다. 춘하추동春夏秋冬 언제나 다른 모습으로 옷을 바꾸어 입으며 자신의 풍성함과 품위를 보여주기도 했다. 이러한 아름다운 풍경에 매료되어 매년 시간이 날 때마다 달려가 조우遭遇하던 나무였다. 그런 모습을 더는 볼 수 없게 되었다는 것은 친했던 친구를 멀리 떠나보내야 했던 것만큼이나 가슴이 시리고 아쉽다.

나무를 껴안아 보았다. 포근하고 부드러운 느낌이 없다. 촉촉함 마저 느껴지지 않는다. 딱딱하고 부스러지는 껍질의 산해반 붙어난다. 사람도 나이가 들면 피부가 거칠어지고 각질이 바스러지며 떨어지듯 그 모양새다. 누군가가 나무 몸통에 영양제를 꽂아놓았다. 살려보려고 노력을 한 흔적이 역력하다. 하지만 영양제도 큰 나무를 살리기에는 힘이 부족했나 보다. 어쩌면 생존의 변곡점變曲點을 지나치자 예전처럼 가지마다 푸른 잎새를 가득 채워 생존할 수 있으리라는 기대감이 무너져 스스로 생존을 포기했는지도 모른다. 강제로 주입된 독극물과 싸운다는 것 자체도 힘겨웠을 것이다. 스스로 헤쳐나가기에는 독극물의 독성이 너무 강해 전신으로 퍼져나가 감당하기도 어려웠을 것이다. 살고자 하는 그것이 극한 자연 속에서 생존하는 나무의 본능이다. 힘겹게 싸워서라도 생존할 가능성이 있었다면 쉽게 포기하지도 않았으리라. 그런 본능조차 포기할 만큼 힘겨웠나 보다. 500년의 세월을 꿋꿋하게 비바람과 엄동설한의 추위를 이겨내며 당당하게 살아왔건만 그 의욕조차 꺾어 버릴 만큼 얻고자 했던 인간의 욕심은 무엇이었을까. 나무의 그늘에 가려 벼 수확이 떨어졌다는 것일까. 아니면 사진을 촬영하기 위해 몰려드는 사진작가들의 발걸음이 싫어서였을까. 죽이고자 마음먹은 간악한 누군가의 잘못된 행동에 많은 사람의 추억과 아름다웠던 기억이 산산이 파괴되고 사라져 버렸다. 바람 앞에 놓인 촛불처럼 흔들리는 나무의 명운이 어둠의 나락으로 떨어져 가는 것을 보니 마음이 스산하다. 분노가 치민다. 이렇게까지 하는 인간의 추한 욕심에 의해 해를 당한 느티나무에게 인간인 내가 부끄럽다. 거친 몸통에는 나무를 살려보려고 노력했던 사람들의 정성이 애처롭게 걸려 흔들리고 있다. 누군가는 죽이려 하고 누군가는 살리려고 하는 이 아이러니라니.

이제 생명을 빼앗긴 나무는 명년明年 봄 잎새를 키우지 못하리라. 사람도 살다가 명命이 다해 죽음에 이르고 사라지는 것이 순리이다. 자연도 마찬가지겠지만 천명天命을 다하지 못하고 사라져 간다는 것이 내 마음을 더 슬프게 한다. 아쉬워도 떠나보내야 한다면 그 자리에 대체 목木을 하나 심었으면 좋겠다. 수십 또는 수백 년이라는 시간이 걸릴지 모르겠지만, 다시 누군가가 원정리 들판을 당당하게 지키고 서 있는 느티나무의 아름다운 모습을 기대하며 찾아올 것이라는 기대감이 있기에.

제비꽃

봄바람이 코끝을 스친다. 청아하고 맑다. 차가운 맛이 사라진, 따뜻하고 상큼하여서 한 아름 품에 안고 싶어진다. 추위가 물러가니 여기저기 땅속에서 아우성이 들리는 것 같다. 먼저 따뜻한 향기를 느끼고 싶어 경쟁하는지 흙들이 불쑥불쑥 솟구쳐 오르기도 한다. 두더지가 다니며 만들어 놓은 길처럼 들추어져 있으나 이어지지 않은 것으로 보아 두더지의 마실길은 아닌 듯하다.

축대를 둘러보았다. 영산홍映山紅이 꽃봉오리를 만드는지 토실하게 꽃눈에 살이 오르고 있다. 축대 아래 바위와 아스콘 포장이 된 길 사이 틈새에는 제비꽃이 자리를 잡았다. 처음 제비꽃이 아스팔트 틈새로 고개를 내밀었을 때는 너무나 신기했다. 흙이라고는 전혀 보이지 않는 아스팔트 속에서 어떻게 제비꽃이 새싹을 키워낼 수 있을까 하는 생각에 대견스럽고 고맙기까지 하다.

어린 시절 제비꽃은 어디서나 흔하게 볼 수 있던 작고 앙증맞은 꽃이었다. 초가집 봉당 아래나 양지바른 곳에 보라색 제비꽃이 손톱보다 작게 피어나면, 추위가 물러가고 봄이 오고 있다는 신호였다. 제비꽃은 긴 막대기에 바람개비가 붙어 있는 듯 보였다. 호호 불어도 돌아가지 않는 바람개비 제비꽃은 앞뒤로 흔들리며 내 코끝을 간질이곤 했다. 봄기운이 점점 뜨거워져 여름으로 가는 계절이 되면 제비꽃은 시들고 열매가 맺힌다. 맺힌 열매가 완전하게 익으면 터지게 되는데 그 속에는 가지런하게 씨들이 줄을 서 있다. 이 좁쌀만 한 하얀 씨앗들을 여자 친구는 소꿉놀이할 때 의례 흰쌀밥이라며 밥상에 올려놓곤 했다. 그 당시는 쌀밥을 마음껏 먹을 만한 형편이 되지 않았다. 쌀밥은 매우 귀한 먹거리였고, 배불리 한번 먹어보는 것이 소원이었다. 그렇기에 소꿉놀이할 때도 밥상에 올라오는 하얀 쌀밥은 최고의 밥상이 되었다.

처음 제비꽃이 몇 포기 나왔을 때 이웃집 사람들은 나중에 제비꽃이 꽃씨를 터트려 퍼지면 정원 전체로 번져 뽑아내느라 힘이 드니 미

리 뽑아내라고 종용했다. 뽑아내는 것은 어렵지 않지만 한번 뽑아내면 다시 제비꽃 씨앗이 날아와 자란다는 보장도 없다. 크기도 10cm 정도로 작은데 정원에 무슨 피해를 줄까 하는 마음에서 이웃의 의견을 듣지 않고, 크도록 놓아두었다. 그렇게 몇 년이 지나자 우리 집 축대 바위틈과 아스콘의 경계를 따라 20여m 넘게 길게 한 줄로 제비꽃이 자리를 잡았다. 여름철 제비들이 전깃줄에 앉은 것처럼 줄을 맞추어 늘어서 있다. 바닥에 닿을 듯 작은 제비꽃이 보라색과 무늬가 박힌 흰색의 꽃을 피워내면, 실에 꽃을 꿰어놓은 것처럼 길게 늘어서 멋스러움을 연출한다.

작지만 늘 우리와 함께하여 친근한 제비꽃은 고향 같은 꽃이다. 고향의 동산 어디에서나 볼 수 있었던 꽃이니만큼 애착도 깊다. 비바람이 불어도 땅에 바짝 붙어 쓰러지지 않고 꿋꿋하게 버텨나가는 강인함을 가졌다. 한번 자리를 잡으면 몇 년이고 새봄이 되면, 새싹을 올려 꽃을 피워 즐거움을 주니 터줏대감의 풍모도 지녔다. 씨앗이나 뿌리, 분주 등으로 종족 번식이 가능하여 다산多産의 상징처럼 느껴지기도 한다. 이러한 제비꽃이야말로 진정 작지만 아름다운 꽃이지 않을까. 키와 꽃이 크다고 대접받고, 꽃이 볼품없다고 잡초로 불리어야 되겠는가.

세상 모든 것을 외모로만 평가하여서 될 일은 아니다. 외모가 비록 못났어도 유용하게 사용되고 필요한 것들이 우리 주변에 얼마나 많은가. 외모 지상주의에 빠져 소중하고 귀중한 것을 모르고 단지 흔하다는 이유로, 작다는 이유로 너무 홀대하거나 무시하지 않았나 되돌아보게 된다. 제비꽃은 작아도 성실함과 겸손함을 지녀 꽃 중의 꽃花中花이요, 군자와 같은 꽃君子花이지 않을까.

이야기 셋

판시판의 기적

요절한 새의 죽음을 바라보며

아침 거실에 나와 정원을 본다. 나뭇가지마다 작은 연초록 잎새가 다투어 나오고 꽃나무는 환하게 자기의 본색을 보여주는 꽃을 피웠다. 봄을 일찍 알리고자 찬바람을 헤치며 달려왔던 목련과 개나리 꽃잎은 떨어졌지만, 마당 가득 붉은 꽃을 피운 영산홍은 아침 햇살에 더욱 붉은 이미지를 토한다. 이 계절에 꽃 색깔은 붉은색과 흰색이 많다. 화사하게 피어난 장미조팝이나 가침박달은 흰색이고, 수사해당화나 영산홍, 명자꽃은 붉은색을 띤다. 흰색과 붉은색의 조화가 잘 어우러져 아침에 바라보는 정원은 기분을 상쾌하고 맑게 해준다.

정원을 바라보며 상념에 젖어 있을 때 갑자기 '딱' '딱'하는 두 번의 충격음이 동시에 몰아쳤다. 너무나 크게 들려 유리창이 깨진 줄 알았다. 날아가던 새 두 마리가 찰나刹那의 시간을 두고 유리창에 충돌한 것이다. 한 마리는 이미 고개가 꺾였고, 한 마리는 부르르 떨고 있다. 참새보다 두 배는 더 클 것 같은 제법 몸짓이 있는 새가 유리창을 피하지 못하고 부딪힌 것이다. 종종 새들이 거실 유리창에 충돌하여 죽음에 이르는 경우가 있다. 하지만, 동시에 두 마리가 충돌한 장면은 처음 보았다. 아마도 두 마리가 짝짓기에 서로 밀고 당기다 유리창을 피하지 못하고 충돌한 것이 아닌가 하는 의구심도 든다. 그렇지 않다면 두 마리가 동시에 거실 유리창 근처까지 힘차게 날아와 부딪힐 가능성은 매우 낮다. 먹이 사냥이었다면, 먹이와 유리 사이의 공간을 충분히 예측하고 날았을 것이다. 새들도 4월에는 짝을 찾아 가정을 꾸리고 알을 낳아야 하니 바쁜 시기이다. 이 계절을 놓치면 번식할 시기를 놓쳐 자칫 자기 유전자를 세상에 남기기 어렵기에 사활死活을 건다. 어느 새가 잘못하여 이 지경에 이르렀는지 알 수는 없지만, 애정 행각이 죽음으로 몰아넣었다면, 저들은 목숨 걸고 사랑한 것이다. 인간도 사랑에 목숨을 걸기는 쉽지 않은 일인데 새들이 목숨을 걸었다. 목숨 걸고 사랑하고 싶은 상대를 만난 것도 복이다.

순애보殉愛譜로 바라보면 애절하다. 치근대는 수컷을 피해 달아나다 사고가 난 것인지 정말로 상대방에게 호감을 갖고 사랑의 세레나데를 부르는 행위를 하다가 사고를 당한 것인지 모르지만 순애보로 생각하자. 죽음을 맞은 당사자는 말이 없는 것이다. 설사 약간 사실과 다른 부분이 있다고 하여도 미화美化해 주는 것도 나쁘지는 않을 듯싶다. 삶과 죽음의 줄타기를 하려고 했던 것이 아니지 않은가. 돌발적인 사고로 자신이 천부적天賦的으로 타고났던 생명 시간의 단축은 아쉬움과 회한悔恨이 생길 수 있다.

새들의 상태를 확인하고자 밖으로 나갔다. 거실에서 보았을 때는 분명 두 마리가 데크로 추락했는데 살아있던 한 마리는 어디론가 날아갔다. 다행이다. 죽지 않고 잠시 뇌진탕으로 혼절했다가 정신이 들어 날아간 듯하다. 자신의 짝을 버려두고 떠나야 했던 새의 심정이 어땠는지는 모르지만 아마도 큰 상처를 받았으리라. 새로운 보금자리를 만들고, 알을 낳고, 새끼를 부화하려고 했던 꿈이 순식간에 무너져 버렸으니 얼마나 고통이 크겠는가. 또한, 다른 짝이 죽음에 이를 정도로 충격을 받았는데 기절했던 새가 그 상태로 계속하여 살아갈 수 있을지도 염려가 된다. 새가 날아갔다고 하여 생존할 수 있을 것이라는 생각은 내 바람일지도 모른다.

우리도 모두 죽어간다. 천천히. 언제일지 모르지만 죽음이라는 단어 앞에 관용이란 없어 보인다. 다만, 그 시기를 모를 뿐이다. 누가 더 오래 살 수 있는가에 대한 명확한 답을 말할 수도 없다. 태어날 때는 순서가 있지만 죽음을 기다리는 것에는 철저하게 순서가 배제된다. 먼저 죽고 싶다고 하여 먼저 죽기도 어려운 것이고, 오래 살고 싶다고 오래 살 수 있는 것도 아니다. 물론 자살이라는 극단적인 선택을 제외하면 말이다. 자살이라는 방법을 통하여 자신의 운명을 결정하는 것은 일반적이지 않은 방식이고, 이렇게 생을 마감하는 방식은 특별한 선택이기에 이를 기준으로 삼을 수는 없다.

순서를 알 수 없는 죽음, 언젠가 반드시 도래할 죽음을 사람들은 두려워한다. 사람이 자기 죽음의 시간을 미리 알게 된다면, 두려움도 증폭될 것이다. 공포에 휩싸여 예견된 죽음을 기다리다 보면 두려움으로 삶의 시간이 단축될지도 모른다. 죽음의 시간을 정해 놓는 순간, 시간은 정점頂點을 향해 치닫기 때문이다. 그래서 죽음의 시간을 예상하지 못하고 살아가는 지금이 우리에게 더 안정과 즐거움을 주는 것이리라.

죽은 새가 불쌍하고 측은해진다. 이미 배필을 맞아 짝짓기하고 알을 낳았다면 아직 부모로서 책임이 있을 수도 있다. 아직 세상의 빛을 보지 못한 새끼들의 운명은 어찌 될 것인가. 사람도 능력이 되지 못한 상태에서 자식을 낳으면 당사자나 자식 모두가 고생할 수밖에 없듯 자연 생태계에 사는 새들도 마찬가지이리라. 더군다나 야생에서의 삶이란 약육강식弱肉強食에 스스로 지키지 못하면 도태淘汰되거나 다른 포식자의 사냥감으로 전락轉落한다. 같은 무리라 하여도 부모를 잃은 새끼를 제대로 양육하지 않는다. 오히려 배척하고 자신이 낳은 새끼에 올인하는 특성을 보이기에 부모가 없다는 것은 현실적으로 죽음을 기다릴 수밖에 없게 된다.

어떻게 하면 유리창에 부딪혀 죽는 새들이 생기지 않도록 할 것인지 고민이다. 맹금류猛禽類 사진을 붙이면 괜찮을까 하는 생각도 해보지만, 육교나 아파트 담장에 붙인 맹금류 사진이 그다지 새들의 충돌을 막는 효과가 크지 않다고 하니 효용성도 의문이다. 반대로 너무 효과가 좋으면, 정원에 새가 살지 못하는 곳으로 변하고 말아 삭막해질 것이다. 새들의 안전과 정원에서 새들의 노랫소리를 들으려 하는 욕심 사이에서 내 마음은 갈등한다. 욕심을 부리지 않으며, 새들의 안전과 내 삶의 풍요를 위하여 어느 것이 최상의 선택인가를 고민한다.

괴산 충민사

평일 오후 좀처럼 시간을 내지 못했던 아쉬움을 달래듯 휴가를 냈다. 지난 몇 달은 온통 선거라는 단어에 묻혀 생활이 정상적이지 못했다. 선거에 직접 뛰어든 것도 아닌데 말이다. 시끌벅적했던 선거는 금방 달구어진 빨건 쇳덩어리에 물을 부은 것처럼 식어 버렸다. 거리를 가득 메웠던 홍보원들도 신나는 음악과 율동으로 시선을 끌던 사람도 모두 사라졌다. 마치 갯벌에 인기척을 느낀 '망둥어'가 구멍으로 숨어버린 듯 오히려 조용하고 적막한 네거리가 낯설다.

괴산 충민사槐山 忠愍祠를 찾았다. 삼십 년 넘게 오가면서 길에서 바라만 보았던 곳이다. 선 듯 찾아갈 마음이 생기지 않았던 이유를 모르겠다. 마음이 깊게 끌리지 못했기 때문이리라. 충민사라는 간판만 보면 누구를 모셨는지조차 불분명하다. 누군가의 사당 정도로 생각할 뿐이다. 그만큼 세상 사는 일에 무감각해진 탓이다. 빨리 빨리에 익숙해진 세월에 나이가 들어가면서 자극적이거나 무언가 확실한 테마Thema가 없으면 시간 낭비라고 일축해온 삶의 방식 때문일지 모른다.

도로에서 한참을 들어와 차를 세우고 보니 괴강 건너편 산 아래 건물이 보인다. 괴강을 바라보며 지어진 충민사는 임진왜란 당시 3대 대첩의 하나로 꼽히는 진주대첩을 승리로 이끈 충무공 김시민(1544~1592) 장군과 왜군이 원주로 쳐들어오자 관군과 의병을 이끌고 영원산성에 들어가 항쟁하였으나 전사하고, 성이 함락되자 부인 이씨와 아들 김시백이 함께 순절하였다는 충숙공 김제갑(1525~1592)의 위패를 모시고 있는 사당이다. 선조 때 세웠다고 한다. 단아한 모습이다. 호화롭지도 그다지 크지도 않은 충민사의 전면은 잘 정돈되어 보인다. 강둑에 돌로 축대를 쌓았고, 향나무를 심어 둥글게 다듬었다. 안내판은 기와를 얹어 기품을 더했고, 층을 두어 담장을 두르고 뒤편에 묘소를 마련했다. 충민사는 괴강 건너편에 위치하고 있어 차를 주차장에 두고 걸어서 다리를 건너야 한다. 괴강을 가로질러 놓은 다리 위에 오르니 벅찬 감회가 밀려든다. 국가를 위한 몸바친 두 분의 희생정신이 괴강을 따라 흐르고 있다고 생각하니 옷깃을 여미게 된다.

부지런히 다리를 건넜다. 내가 걸어오는 것을 보았는지 내 또래의 남자 한 분이 걸어와 충민사 안내문과 괴산 관광지도를 건네준다. 사람이라고는 아무도 없는 한적하고 외딴 사당에 찾아온 사람이 반가웠나 보다. 책자를 달라고 하지 않았음에도 먼저 가져와서 주니 감사하다. 아마도 관광해설사가 아닌가 싶다. 편하게 앉아서 쉬다가 가도 자기 할 도리를 다했다고 할 수 있는데 나와서 챙겨주니 배려가 고맙다. 그는 "사당 안에 김시민 장군의 영정도 있다"고 알려주고서 관리사무소로 돌아갔다. 사당을 혼자서 독차지한 기분이다. 누군가 지켜보지 않는다는 것이 이렇게 편안하게 다가오는 것도 오랜만이다. 타인의 시선을 의식하고 사는 것은 아니지만 사회생활이라는 것이 타인의 시선을 의식하지 않고 어떻게 가능하겠는가.

안내도 앞에 서서 건물의 구조를 살펴보고 효충문效忠門을 들어섰다. '정숙'이라고 쓴 글자가 지나치게 크게 세워져 품위를 훼손한 듯한 기분이다. 안으로 들어서니 왼쪽에 신도비 2개가 보인다. 왼쪽 것은 제액題額이 '김충무공 신도비명金忠武公神道碑銘'으로 김시민의 것이다. 1974년에 건립되었는데 비문은 권용직權容稷이 지었고, 글씨는 김사달金思達이 썼다고 한다. 오른쪽의 것은 제액이 '의재김선생신도비毅齋金先生神道碑'로 김제갑의 것이다. 이 신도비는 1976년에 건립되었으며, 글은 권용직이 지었고, 글씨는 김제갑의 12대손인 김상형金相馨이 썼다고 한다. 그리고 그 오른편에는 검은 대리석에 '김시민장군 유적정화기념비

金時敏將軍遺蹟淨化紀念碑'라고 적고 화강암으로 단을 만들어 세운 육중한 비가 있다. 그 비 뒤쪽에는 월탄 박종화 선생이 글을 쓰고, 우송 이상복 선생이 글을 써서 음각한 1979년 묘역 정비 내력이 적혀있다.

충민사로 오르는 중앙 계단 앞에 두 그루의 적송이 충신의 절개를 품은 채 서 있다. 수백 년 세월을 지켜온 것은 아니지만 계단을 오르면서 충신의 의지와 충절을 생각하게 한다. 충민사라는 현판도 묵직한 울림을 준다. 현판 서체가 남다르다. 그 너머 김시민 장군의 초상화가 걸려 있다. 언제 그려진 초상화인지는 알 수 없지만 매서운 눈초리와 의지가 담긴 표정이 젊은 장군의 기상이 느껴진다. 붉은 관복에 두 마리의 백호가 그려진 흉배가 무관임을 말해 준다. 옆에 김시민 장군이 갑옷을 입고 있는 영정사진이 걸려 있는데 관복을 입은 모습보다 더 엄숙하고 의지가 굳어 보인다. 용장의 면모가 강건한 눈동자에서 불을 뿜을 듯 나를 바라본다. 지금 내가 누리는 행복이 조상들의 피와 땀과 숭고한 죽음으로 이루어진 것임을 잊지 말라는 경고 같다.

사당 뒤편에 김시민 장군의 묘소가 있다. 양쪽에 돌로 깎아 세운 문인석이 서 있다. 세월을 말해 주듯 옷 몸이 녹색 이끼로 덮여있다. 두 손은 앞으로 가지런히 하고 홀笏을 들고 있다. 묘는 둥글게 화강암으로 밑부분을 두르고 봉분을 올렸으며, 앞에는 화강암으로 제단도 만들어 놓았다. 묘를 둘러싼 담장은 돌을 섞어 쌓았고 그 위에 기와를 올려 가지런하게 꾸며 보기에도 편안하다.

묘에서 보니 충민사 사당의 기와 선이 곱게 펼쳐져 있다. 가로 4개 세로 3개의 형태로 지어진 팔작지붕의 기와 선은 어딘가로 날아갈 것처럼 날렵하다. 우리 기와의 아름다움이 그대로 남아 있다. 모든 것이 완벽해 보이는 사당에 아쉬움이 가득한 이유는 39세의 젊은 나이에 요절한 장군의 생애가 너무나 안타까워서이다. 김시민 장군도 왜적으로부터 조국을 굳건하게 지켜내지 못하고 눈을 감게 된 것을 원통冤痛해 했을 게다. 바람결에 장군의 탄성 소리가 실려 오는 것처럼 나뭇잎이 흔들린다. 불혹의 나이에 조국을 지키다가 산화散花한 장군의 넋을 위로해 본다. 아쉬움에 이승을 떠돌고 있다면 이제 어느 누구에게도 빼앗기지 않을 국력을 갖춘 이 산하에서 자유로운 영혼으로 유영游泳하며 쉬시길 기원해 본다.

사당을 뒤로하고 다리를 걸었다. 말없이 흐르는 괴강이 편안하다. 넘실거리며 흐르는 괴강의 강물은 가뭄으로 몸살을 앓는 가운데서도 힘있게 흐른다. 우리 민족의 강인한 정신력 같다. 수많은 외세의 침략을 받으면서도 꿋꿋하게 이 나라 이 강토를 지켜왔던 것처럼. 괴강에 낚싯대를 드리우고 햇살을 벗 삼아 오후를 낚고 있는 강태공의 모습이 진지하다. 무슨 생각으로 낚싯대를 드리웠을까. 편안한 행복을 낚으려는 시도라면 정말로 부러운 모습이다. 우크라이나와 러시아의 전쟁이 보여주듯 힘의 균형이 깨지는 순간 전쟁은 언제든지 발발할 수 있다는 것을 생각하면 잠시도 안보를 게을리해서는 안 될 것이라는 생각을 해본다. 조국의 암흑기에 순국하신 애국 열사들의 고귀한 뜻이 더 크게 울림으로 다가오는 것도 그래서일 것이다. 시원하게 불어오는 강바람이 얼굴로 달려든다. 가만히 강바람을 맞으며 난간을 잡고 섰다. 이렇게 평화로운 오후를 느낄 수 있는 이 여유도 선조의 피땀으로 만들어진 행복이라는 생각을 하니 다시금 그분들의 숭고한 희생에 고개가 숙여진다. 유월은 그래서 더 서글프고 애절한 달인가 보다.

신발

아침 출근을 서두르는 나에게 아들이 내려와 쇼핑백을 내민다. 이미 생일이 지났는데 새삼 아들이 선물을 가지고 왔다는 것이 의아했다. "웬 선물이냐?"라며 아들을 올려다보며 묻자, 아들은 "여자 친구가 아버지 생신 축하한다고 신발을 사 주었어요"라고 말한다. 아들의 말에 놀라 꺼내 보니 등산이나 트레킹 Trekking 할 때 신으면 좋을 것 같은 전문가 신발이다. 유명브랜드에 신발 바닥은 특수재질로 만들어진 요즘 각종 광고매체에 등장하는 제품이다. 취직한 지 얼마 되지도 않은 사회 초년생이 거금을 투자해 선물을 사 보냈다고 하니 마음 씀씀이가 고맙고 기특하다.

신발을 바라보던 아내는 "아들, 아들 카드로 샀지?"하고 눈을 흘린다. 아들이 자기가 사오고 여자 친구가 사 준 거라고 거짓말하는 건 아니냐고 생각한 모양새다. "누가 샀으면 어때, 고맙고 잘 신으면 되지"라고 하자 아내는 "지난번 산 운동화와 비슷하니 런닝화로 바꿔요" "발에 꼭 맞나 신어봐요"라며 잔소리를 한다. 내가 신발을 사오는 것에 대하여 아내는 늘 불만이다. 자기가 직접 같이 가서 사야 직성이 풀리는지 신발을 산다고 하면 같이 가자고 한다. 누구나 자기가 마음에 드는 것을 신고 싶어 한다는 것을 알아주었으면 좋겠는데.

몇 해 전 중국 황산으로 사진 촬영을 떠날 때 일이다. 가지고 있는 등산화 바닥이 너무 닳아 미끄러운 산행에 어려움이 있을 것 같아 등산화나 트레킹화를 하나 사야 했다. 여기저기 쇼핑하러 다닐 시간이 부족하여 퇴근길에 무작정 신발을 판매하는 상점에 들어가 M 상표가 붙은 노란색 등산화를 구입했다. 집에 가지고 들어가 펼쳐 놓으니 형광이 반짝거리는 눈에 띄는 노란색이었다. 내가 좋아하는 색깔이라 내 마음에는 흡족했으나 등산화를 본 아내의 생각은 달랐다. "무슨 등산화를 노란색을 샀느냐"며 핀잔이다. 등산화는 대부분 검은색이나 갈색이 대다수를 차지하는데 노란 형광색을 사와 나이를 생각할 때 색깔을 잘못 골라 왔다고 생각했나 보다. 아내는 출국하기 전 신발을 다른 색깔로 교환하여 신고가라고 하여 그러겠노라고 약속했다.

다음 날 아침. 비행기 시간을 확인한 아내는 공항까지 차로 태워다 줄 테니 먼저 신발을 바꾸러 가자고 재촉한다. 아내와 신발을 바꾸러 가면 신발을 바꾸어야 하는데 노란 형광색 신발이 내 마음에는 쏙 들어 바꿀 마음이 생기지 않았다. 같이 따라나서려는 아내를 진정시켜 놓고, 내가 혼자 가서 바꾸어 신고 공항에 차를 두고 가겠다고 설득했다. 그리고는 집을 나와 신발을 바꾸러 가지 않고 공항으로 직행했다. 그렇게 4박 5일 동안 신고 다녔으니 신발을 교환할 수 없게 되었다. 중국을 다녀온 후 아내도 더는 신발 색깔에 대하여 말하지 않았고, 나도 몇 년간 불편함 없이 잘 신어왔다. 아마 그때 아내와 가서 신발을 바꾸어 신었다면 내 마음에 흡족하지 않아 잘 신지 않고 다시 샀을지 모른다.

신발은 귀중한 존재이다. 잘못 선택하여 신었다가는 발을 망칠 수도 있다.

등산할 때는 많은 돌발 사태에 대비해야만 한다. 갑자기 비가 내릴 수도 있고, 눈도 내린다. 흙길도 있고 바위나 나뭇가지, 나뭇잎을 밟을 때도 있다. 일정하지 않은 조건을 계속하여 디디면서도 발이 편안해야 하는데 그렇지 못하면 발이 부르트거나 물집이 생기고, 심하면 발에 피가 난다. 그런 조건에서 산행하면 위험도도 높아지고 등산이 고행길이 되기 십상이다. 그래서 좋은 신발, 발에 잘 맞으면서도 안전성을 갖춘 신발을 찾는 것일 것이다. 겉으로 보이는 외형이나 멋을 보고 골랐다가는 낭패를 볼 수 있다. 타인이 권하더라도 신는 사람이 좋아하고, 편안하다고 느끼는 것을 사야 한다. 산에 올랐을 때 등산화는 생명을 지탱하는 안전판일 경우도 종종 있다.

좋은 신발을 고르는 것은 외형보다 내구성이다. 외형상으로 견고하고 훌륭해 보인다고 하여 만족할 만한 기능을 다 발휘하는 것이 아니다. 유명브랜드가 아니더라도, 모양이 구형舊型이라 유행에 뒤져도 발에 꼭 맞고 등산화의 기본적인 기능을 가졌다면 그것이 최상이다. 신발도 친구와 같다는 생각을 하게 된다. 신어 길이 들어야 가장 편안한 상태로 나의 발을 보호하듯이 친구도 겉모습이 아닌 속사람을 알고 정이 들기까지 적응하는 시간이 필요하다. 그런 친구가 내 삶에 있어서 없어서는 안 될 소중한 존재이듯 신발도 내가 살아가는 동안 언제나 가장 가까이에서 나를 보듬어 주고 편안함을 지켜주는 존재이다.

신발장을 열어보니 신발장을 묵묵히 지키고 있는 낯선 신발이 줄지어 늘어서 있다. 오래전에 사 두었지만 몇 번 신어보고 발이 편하지 않으면 다시 꺼내기가 꺼려져 내 시야에서 멀어진 것들이다. 그렇다고 몇 번 신지도 않은 것이어서 쉽게 버리기도 아깝다. 존재는 하되 애물단지로 변해버린 신발을 바라보면 정말 신발은 마음에 들고 발이 얼마나 편한지를 잘 살펴보고 선택해야 되겠다는 생각을 했다. 값비싼 신발들이 선택받지 못하고 신발장 안에서 습기와 곰팡이에 휩싸여 삭아가고 있다는 것은 슬픈 일이다. 경제적 손실은 물론 부족한 신발장을 어지럽히는 훼방꾼에 지나지 않는다.

아들의 여자 친구가 선물한 신발이 신발장 속에 갇혀 제 할 일을 못 하는 존재가 아니길 바란다. 내가 편안하게 신발을 신을 수 있다면 애용하는 필요한 존재로 남을 것이고, 그렇지 않다면 다른 신발들처럼 수납장 공간에서 폐기 절차를 기다릴 것이기 때문이다. 선물을 한 사람의 입장을 봐서라도 제발 내가 사랑할 수 있는 신발이 되었으면 좋겠다. 그리고 선물 받은 신발을 신은 모습을 보여주고 싶다. 선물을 준 사람이 행복해하는 모습을 보는 것은 선물을 받은 사람에게도 큰 행복이다.

아들과 저녁 약속을 해야겠다. 여자 친구도 데리고 나오라고. 그리고 선물 받은 신발을 꺼내 신고 고맙다는 인사도 해야겠다. 잘 신겠다고.

뻐꾹채

내몽골로 출사出寫 갔을 때다. 드넓은 초원에 흐드러지게 핀 뻐꾹채를 보았다. 초원에서 고개 들고 무릎만큼 자라 하늘을 바라보는 꽃대 대부분이 뻐꾹채였다. 국내에서 뻐꾹채를 본다는 것이 하늘의 별 따기처럼 어려워진 시기에 이곳은 뻐꾹채가 지천이다. 여기저기 피뿌리풀과 뒤섞여 핀 뻐꾹채가 바람에 몸을 흔들며 한여름의 나른함을 즐기고 있었다.

들판에 지천으로 피어난 뻐꾹채를 보니 얼마 전 일이 생각난다. 뻐꾸기가 산등성이에서 목청 높여 울음을 토해내던 봄날. 나무 박사로 은퇴하신 김 교수님과 대화 중이었다. "뻐꾹채가 예년에는 어디서나 흔히 볼 수 있었는데 지금은 찾아볼 수 없다"고 하시며, "뻐꾹채 종자를 구해 줄 수 있느냐"고 물으셨다. 한 번도 들어보지 못했던 '뻐꾹채'라는 이름을 인터넷을 통하여 검색하니 생김새가 영락없는 엉겅퀴와 닮았다. 엉겅퀴라면, 지금 우리 산하山河 어디를 가도 쉽게 찾아볼 수 있는 식물인데 비슷하게 생긴 뻐꾹채가 보이지 않는다는 것이 이상했다. 뻐꾹채를 자세히 보니 모양은 비슷하지만, 엉겅퀴와는 확실히 다른 점이 있었다. 뻐꾹채는 잎에 가시가 없고, 잎의 앞뒷면과 줄기에 흰털을 뒤집어쓴 듯하며, 꽃송이가 엉겅퀴보다 확실히 더 컸다. 꽃차례 받침은 엉겅퀴와는 달리 반구형으로 꽃 턱잎 조각이 6줄로 배열되어 있고, 긴 줄기에 생긴 꽃대는 한 줄기에 한 송이만 핀다. 특히, 꽃받침은 솔방울 모양처럼 두껍고 공 모양을 형성하다가 꽃술이 나오며 벌어져 받침을 만든다.

뻐꾹채라고 꽃말이 붙은 것도 '꽃을 감싸는 솔방울 모양의 꽃차례 받침(총포, 總苞)이 마치 뻐꾸기 앞가슴 깃털을 연상하게 하여 붙여졌다'라는 설과 '뻐꾸기가 우는 5~8월에 꽃이 피기 때문에 붙여졌다'라는 설이 있다. 이왕이면, 꽃차례 받침이 뻐꾸기 앞가슴 깃털을 연상하여 꽃 이름이 뻐꾹채로 붙여진 것이었으면 싶다.

화원을 하는 지인에게 전화하여 뻐꾹채 씨앗을 구해 달라고 부탁했다. 지인은 "아직 뻐꾹채가 익지 않아 씨앗을 받을 수 없으니 기다려요"라고 말한다. 인터넷에서 사진만 보았지, 실물을 기억하지 못한 나는 뻐꾹채를 항상 머릿속에 그리며 촬영 여행을 다니곤 했다. 간간이 뻐꾹채의 존재를 잊어버렸다가도 아침 앞산에서 뻐꾸기가 울면 뻐꾹채가 생각났다. 그리고 두 달 정도 시간이 지났다.

그날도 나는 단양에서 영주로 넘어가는 길에 잠시 휴게소에 쉬러 갔다. 그때 일행이 "뻐꾹채가 다 있네"라고 말하는게 아닌가. 뻐꾹채라는 말에 너무나 기뻐 그의 손을 이끌고 뻐꾹채가 있는 장소로 달려갔다. 꽃을 찾아가며 가슴이 두근거리고 흥분되었던 적이 나에게 있었던가 의문이다. 휴게소 건물 뒤쪽 한적한 곳에 이미 꽃술은 지고 마른 꽃 한 송이가 애처롭게 바람에 흔들리고 있

다. 자세히 보니 솔방울 같은 겉껍질로 싸인 것이 사진에서 보았던 뻐꾹채가 틀림없었다. 한 포기에서 여러 송이가 자랄 수도 있으련만 달랑 한 송이만 피었다. 화사한 꽃술은 지고 꽃차례 받침 속에 씨앗을 잉태하여 움츠리고 있다. 조금 지나면 씨앗들이 민들레 홀씨처럼 바람을 타고 새로운 보금자리를 향하여 날아갈 태세다. 국화과에 속하는 여러해살이식물로 흔하게 보았던 들꽃이 왜 이리 귀해졌는지 안타깝다.

얼마 후 지인이 뻐꾹채 씨앗을 구했다며 건네주었다. 다섯 송이는 되는 듯했다. 이 정도를 구하는 데도 애를 먹었단다. 고마울 따름이다. 심심산천深深山川 사람들의 발길이 닿지 않을 외진 곳에 가야만 겨우 몇 송이 꽃을 볼 수 있다는 말에 두 번 세 번 감사의 말도 전했다. 전달받은 뻐꾹채 씨앗을 교수님에게 전달했다. 두 달 동안 뻐꾹채를 생각하며 씨앗을 어떻게 구할 수 있을지에 대한 고민이 해결되어 마음이 후련했다. 무거운 짐 하나를 내려놓은 느낌이랄까.

누군가가 뻐꾹채를 대량 번식하여 우리 산야에서도 지천으로 자라나는 뻐꾹채를 볼 수 있었으면 좋겠다고 생각한다. 잊히고 사라지는 식물도 우리가 보존하고 가꾸어 후세에 물려주어야 유산이지 않겠는가.

면도

아침마다 세면실에 들어가면 제일 먼저 하는 것이 면도다. 수염을 기르지 않는 남자라면 대부분 그러리라. 하룻밤 자고 나면 거칠어진 턱선의 감촉은 꺼칠해서 좋을 때도 있지만, 외관으로 보이는 모습은 매끈하지 않아 불량스러워 보인다. 그런 모습이 싫어 매일 아침 얼굴에 거품을 낸 크림을 바르고 면도날이 4개나 달린 면도기로 사정없이 긁어 댄다. 면도날로 힘을 주어 피부 깊숙하게 숨어있는 수염을 제거하다 보면 너무 깊게 밀려들어 간 칼날에 피부가 얼얼할 때도 있다. 그렇게 면도해야 개운하다. 무슨 중독에 걸린 것처럼 면도날을 이용하지 않고 전기면도기를 사용하면 면도했다는 개운함이 없다. 편리성이나 피부를 보호하는 측면에서는 전기면도기가 최고지만, 아직도 고전적인 면도날을 사용하고 있는 것을 보면, 나의 문명 수준은 아날로그 시대가 맞는 듯하다.

면도기의 역사도 인류의 발전과 같이하여 선사시대 동굴벽화에도 대합조개 껍데기나 상어 이빨, 날카로운 돌 등이 면도 기구로 사용된 벽화가 나타나 있다고 한다. BC 4000년경 이집트 분묘에서 황금이나 구리로 만들어진 면도기

들이 발견되었다고도 한다. 이처럼 면도기는 남자들에게 있어 자기 외모를 정리하는 미용 도구 역할을 담당했다. 남자들은 여자보다 외모에 크게 신경을 쓰지 않았을 것이지만, 얼굴에 삐쭉삐쭉 삐어 나오는 거친 털은 남자에게도 고민되었을 것이다. 면도기는 수염이 없기를 바라는 사람에게만 필요했던 것이 아니고, 수염을 기르는 사람에게도 주변 정리에 꽤 유용한 도구이다. 정성스럽게 손질한 수염과 그 주변의 지저분해 보이는 흐트러진 것들을 제거해야 할 필요성은 외모를 중시한 사람에게는 더 필요한 도구였을지 모른다.

내가 고등학교에 다닐 때만 해도 안전면도기를 보기 어려웠다. 아버지는 면도하실 때면, 숫돌에 칼날이 시퍼렇게 서도록 면도칼을 갈아 사용하셨다. 숫돌에 간 면도날이 잘 갈렸나를 보

시려면, 종이를 가져다 살짝 대어 보셨다. 칼날 위에 올려진 종이는 서걱거리는 소리조차 내지 못하고 두 개로 잘렸다. 그렇게 날을 세운 후에야 면도하셨다. 자칫 잘못하면 얼굴을 베이기 일쑤였다. 손에서 각이 조금만 어긋나도 날카로운 면도날이 피부로 파고들었고, 가늘고 길게 베인 자국에서는 붉은 피가 스며 나왔다. 그러면 아버지는 신문지를 조금 잘라 상처가 난 위에 붙이셨다. 그것으로 상처 치료가 끝난 것이다. 아버지는 면도칼을 숫돌에 갈아 놓았다가 몇 번 사용하여 무뎌지면, 가끔 가죽에 칼날을 문질러 날을 세운 후 사용하셨다. 그때는 가죽이 어떻게 쇠로 만들어진 면도칼을 잘 들게 하는지 이해하지 못했다. 긴 가죽 위에서 썩썩 칼날이 스쳐 지나가는 소리만이 호기심 어린 눈으로 바라보는 나를 긴장하게 했다.

명절이 다가오면, 동네에 하나밖에 없는 이발소는 바빠지기 시작한다. 오랫동안 이발하지 않았던 시골 사람들도 명절을 앞두고는 너나 할 것 없이 이발소로 모여들었다. 명절 때라도 이발하여 용모를 가다듬고 조상에게 차례를 지내야 한다는 생각에서다. 설빔은 매년 사 입기 어려워도 이발 정도는 그리 부담되지 않았기에 이발소는 대목이라고 할 만큼 사람으로 넘쳐났다.

내 고향마을의 이발소는 인근에 하나뿐인 이발소였다. 이발사 혼자서 일했기에 손님이 모여들면, 몇 시간이고 기다려야 했다. 정신없이 머리를 깎고, 면도해주고, 머리를 감겨주어야 한다. 그러다 보니 한 사람에게 시간이 너무 많이 소요되어 일손이 부족한 이발사는 나에게 아르바이트를 제안했다. 내 임무는 이발사가 손님 머리를 깎아 놓으면 면도와 머리를 감겨주고 말려주는 단순한 일이었다. 고등학생이던 나는 면도를 해본 일이 없었음에도 동냥으로 얻어 배운 수준에 면도칼을 잡고 동네 어른들의 면도를 해주었다. 일반 안전면도기가 아니라 칼날을 사용하는 면도기였기에 조금만 잘못해도 어르신들의 턱이며 얼굴에 사정없이 칼자국을 만들었다. 처음에는 당황했지만, 실수를 자주 하다 보니 이골이 났다. 칼자국이 생겨 피가 나면, 신문지를 찢어 물을 묻혀 갖다 붙였다. 아버지가 하셨던 것을 그대로 흉내 냈다. 지금 같으면 손님들의 항의가 빗발쳤을 테지만 그때만 해도 그 정도는 애교쯤으로 치부하고 넘어갔다. 그렇게 이웃 마을의 어르신들도 명절이 되면, 내 손에서 번쩍이는 면도날에 얼굴이나 귀를 베이고 반창고 대신 신문지를 붙이고 돌아가는 수난을 당하셨다. 그런데도 베인 것에 대하여 야단을 치시거나 항의하지도 않았다. 그 정도는 얼마든지 있을 수 있는 일 정도로 여겨주셨다. 그분들에게는 조금 베인 것보다 빨리 이발을 끝내고 돌아갈 수 있다는 것이 중요했다. 거의 자정이 되어야 일이 끝났다. 일이 끝나면 이발사는 나에게 이발 요금의 10배나 되는 돈을 수고비로 주었다. 돈이 귀했던 시절 그렇게 큰돈을 하루에 벌 수 있는 일자리는 귀했다. 온종일 들에 나가 품을 팔아도 벌기 어려운 돈이었기에 다가오는 명절이 신났고, 마음이 뿌듯하고 부자가 된 것 같았던 시절이었다.

면도날로 면도하면 말끔하게 잘려 검은 수염이 보이지 않아 얼굴이 매끈하여 좋다. 사람을 많이 대하는 직업이다 보니 매일 면도를 하는 불편함은 있지만, 면도를 끝내고 거울 속에 비친 매끈한 얼굴을 보면 기분이 상쾌하다. 스킨skin을 손에 듬뿍 묻혀 얼굴을 때린다. 수천의 갈래로 튀어 나가는 스킨의 포말泡沫이 아침 햇살에 반짝인다. 오늘 하루도 잘 보낼 것 같다.

마스크

아침에 눈을 뜨면 제일 먼저 뉴스를 보는 것이 일상이 되어버렸다. 오늘도 마스크를 사고자 길게 줄을 선 사람들의 지친 모습이 카메라에 잡혔다. 코로나 바이러스가 기승을 부리기 시작하며, 마스크는 바이러스 차단을 위한 필수품이 되었다. 미처 준비하지 못한 시민들은 마스크를 구하기 위하여 약국이나 마트를 찾아다니지만, 모두 품절이 되어 발만 동동 구르는 현상이 연일 계속되고 있다. 그러다 보니 마스크 가격도 평소보다 두세 배 비싸졌다. 더 많은 돈을 주고 구매하고자 하나 물건이 없어 사지 못한다고 아우성친다. 정부는 외국으로 수출되던 마스크의 해외 유출을 뒤늦게 막고 국내로 공급하면 문제가 없을 것이라며 대통령까지 나서서 연일 홍보했다. 하지만 대통령의 호언은 하루도 지나지 않아 거짓말이 되어버렸고, 계속된 정부의 발표는 다음 날 해프닝 내지는 거짓말로 돌변했다. 참으로 안타깝고 가슴 답답한 일들이 꼬리를 물었다. 마치 피노키오의 거짓말에 코가 늘어나는 것처럼 정부의 발표는 불신의 꼬리표처럼 국민 가슴속에서 서럽게 철렁거렸다.

얼마 전 코로나바이러스 확진자가 국내에 몇 명 발생하지 않았을 때다. 중국 후베이성 우한武漢은 이미 코로나바이러스로 인한 감염자가 날이 새면 몇백 명씩 늘어가던 때이다. 큰일이라고 생각은 했지만, 우리나라는 안전하다고 느꼈기에 크게 신경이 쓰이지는 않았다. 그때 "마스크 20만 장을 구해 줄 수 있느냐"는 주문이 들어왔다. 20만 장이면 평소 거래 관계를 생각할 때 천만 원 정도의 이윤이 남는 거래인데 가격이 더 높아도 상관없다는 것이다. 아직 우리나라에서 국민이 마스크를 사기 위하여 힘을 쏟을 때가 아니라서 문제가 없으리라 생각했다. 거래처에 주문하기 위해 연락을 시도했는데 전화를 받지 않는 것이었다. 거래처 담당자가 바쁜가 하고 기다리다가 다음 날 또 전화했고 그다음 날도 전화했지만, 응답은 없었다. 처음 있는 일이라 당황했다. 혹시 마스크를 비싼 가격에 팔기 위해 다른 곳으로 물량을 이동하는 것이 아니냐는 생각이 들었다. 우리에게 마스크를 구해 달라고 하는 사람도 마스크를 구해 중국으로 보내기 위한 것이라는 이야기를 들었기 때문이다. 그렇게 우왕좌왕하는 사이에 코로나바이러스에 의한 확진자가 전 세계적으로 점점 증가하는 현상을 보이자 여기저기서 마스크를 구해 달라는 요청이 폭주했다. 화산이 터져 나가는 것처럼 물량이 폭주했다. 주문량이 백만 장을 넘어서고 있었다. 마스크 주문량이 폭주하면서 중간 공급처가 아닌 생산자와 직접 거래를 해보기로 하고 전화했으나 이미 주문물량이 4월 말까지는 포화상태라 현재로서는 공급이 불가능하다는 이야기를 들었다. 우연히 찾아온 좋은 기회였는데 아쉬움이 컸지만, 마스크 구하는 것을 포기했다.

지난해 가을경 지인知人이 아내에게 "마스크를 사두는 것이 어떠냐?"고 말했단다. "썩지도 않는 것이니 창고만 있으면 되지 않겠느냐"라는 이야기를 들었지만, 아내는 거절했다는 것이다. 주문이 들어오지도 않은 상태에서 다량多量의 마스크를 매입하여 보관해 두는 것은 그만큼 위험 부담을 감수하는 것이고, 대량 매입에 따른 물품 대금 또한 적은 것이 아니어서 자금이 부족한 영세업체로서는 모험하기 어렵다는 것이 이유였다. 그리고 몇 달이 지나지도 않았는데 마스크 품귀현상이 벌어졌다. 각종 인터넷 쇼핑몰에서 마스크는 평소보다 몇 배가 높은 가격에 팔려나가고 있음에도 물건이 없어서 팔지 못한다는 소리가 들렸다. 마음 같아서는 '그때 마스크나 많이 구해 둘걸' 하는 아쉬움이 밀려든다. 세상 사는 것이 예견대로 된다면 얼마나 좋겠는가. 다 때가 있고 기회가 인연이 되어 만날 때나 가능한 것이 아니겠나. 돈은 아무나 버는 것이 아닌가 보다.

다행이라면 나는 아직 마스크를 사기 위하여 길게 줄을 서지 않아도 된다는 점이다. 지난여름 거래처에서 마스크 주문이 들어왔는데 묘하게 들어왔다. 보통 1,000장 단위로 주문이 들어오는데 5,200장이 들어온 것이다. 그렇다고 우리도 5,200장을 딱 맞춰 주문할 수 없어 울며 겨자 먹기 식으로 6,000장을 주문했고, 나머지 800장은 재고로 가지고 있었다. 주문이 없으니 비좁은 공간에서 천덕꾸러기로 쌓여 있던 마스크를 그동안 황사가 심할 때면 조금씩 가지고 나와 주변 사람들에게 나누어 주었다. 그때만 해도 마스크 한 장에 별로 고마워하는 사람도 없었다. 나누어주다 여유분이 조금 남아있었는데 코로나바이러스가 창궐한 것이다. 코로나바이러스가 사람 간 호흡기로 전파가 된다고 하자 너도나도 마스크 구하기에 나섰고, 그로 인해 마스크 대란이 일어났다. 처분하지 못한 마스크가 이제는 효자가 된 게다. 얼마간의 여유분이 남아 부산에 사는 딸과 대구의 어머니에게도 보내드렸다. 대구와 부산이 다른 지역보다 바이러스 감염 속도가 너무 빠르고 확진자가 급증하여 걱정이지만 그래도 가족들에게 마스크를 보내줄 수 있어 다행이었다. 보관했던 물량이 많지 않은 탓에 주변 사람들에게 더 나누어 줄 분량이 남아 있지 않아 너무 아쉽다. 그래도 우리 가족이 쓸 약간의 여유가 있다는 것이 얼마나 고마운지 모른다. 매일 마스크를 사기 위하여 추운 길거리에서 몇 시간씩 기다리며 줄을 선 어르신들을 바라보면 죄송하고 미안하다. 그렇게 줄을 서고도 공급량이 적어 금방 품절이 되면 그분들은 또 다른 판매처를 찾아다니는 수고를 하게 된다. 그런데도 현재로서는 마스크를 손에 넣기가 그리 쉽지 않은 것이 현실이니 이 얼마나 화가 날 일인가.

뒤돌아보면 중국 우한에서 처음 코로나 확진자가 나왔을 때 대만처럼 우리도 빠른 대비 태세를 갖추어야 했다. 우리 정부는 너무 안일했고, 자만했다. 세계 수준의 마스크 생산 능력이 있다고 오판했고 확진자가 지금처럼 늘지는 않을 것이라고 방관했다. 그 자만과 안일함과 무능이 현재의 사태를 만들었고, 마스크 한 장 사기 위하여 몇 시간을 추운 외부에서 줄을 서서 기다리는 민심은 폭발 직전으로 치달아 청와대 국민청원 게시판에 '문재인 대통령 탄핵을 촉구한다'라는 청원 글에 청원 한 달 만인 2020년 3월 5일 현재 1,461,949명의 국민이 찬성했다는 것은 정부에 대한 국민의 불만이 얼마나 큰 것인지를 잘 대변해 주는 것이다. 모두에게 시련의 시간이고, 잘 견뎌내자고 서로에게 응원의 메시지를 보내야 하는 시기이다. 봄은 성큼성큼 다가오는데 코로나로 인한 사태로 많은 사람이 겨울보다 더 추운 한파를 견디고 있다.

오랜만에 서울에서 무역업 하는 친구가 전화하였다. "미얀마에서 마스크 50만 장을 보내 달라는데 구해줄 수 있니?"라고 하다. 헛웃음이 나온다. '이 시기에?'

코로나가 빨리 진정되어 하얀 벚꽃이 휘날리는 섬진강 변을 달리고 싶다.

거리두기

훈풍이 불어오자 여기저기 꽃들이 피어나고, 세상을 환하게 만들고 있다. 삼월은 모든 만물이 기지개를 켜며 생동하는 계절이다. 사람들의 마음도 가벼워지고 상춘객들이 꽃구경을 위해 모여들어 활기가 넘친다. 그러나 올봄은 예년의 그런 봄이 아니다. 지자체들이 앞다투어 관광객을 유치하고자 축제를 열고 홍보하던 때와는 달리 제발 오지 말라고 사정할 지경이다. 상춘객이 몰려오지 않는 것이 지금 현실에서는 더 이익이라고 판단하였기 때문이다. 코미디 같은 풍경을 연출하도록 계획한 일등 공신(?)은 단연 코로나19 바이러스다. 눈에 보이지도, 맛도 냄새도 나지 않는 어디서 태어났는지 태생도 불분명한 바이러스가 지구촌을 초토화한다. 강대국 약소국 가리지 않고 여기저기 넘나들며 바이러스를 퍼트리는 바람에 대부분 국가가 자국自國으로 유입되는 코로나를 막는다며 공항의 대문을 걸어 잠갔다. 국가 이동이 대부분 통제되고 외국으로 여행을 가고 싶어도 갈 수 없는 참담한 상황이 계속되며 여행업을 위주로 활동하던 기업들은 고사枯死 직전이다. 공항 계류장에는 하늘을 열심히 날아다녀야 할 항

공기들이 꿀을 따다 지쳐버린 벌들처럼 방치되어 있다. 하루 수십만 명이 바쁘게 오가던 공항은 이제 수천 명도 안 되는 여행객들이 썰렁한 관문關門을 빠져나가는 실정이다.

거리에 왁자지껄하던 사람들의 모습을 좀처럼 볼 수 없다. 사회적 거리두기가 가장 중요한 행동 지침이 되면서 몇 사람이 모이는 행사조차 가지 않는 것이 당연한 미덕이 되었다. 누가 코로나19의 확진자인지 가늠조차 할 수 없는 사람들은 타인을 무조건 경계하고 봐야 한다는 심리가 깔려있다. 오랜만에 만난 반가운 사람조차도 악수가 아닌 손등을 가볍게 대는 정도로 반가움을 표시해야 한다. 악수하자고 손을 내밀면 오히려 손을 피하며 툭 친다. 얼마나 무안한 일인가. 손을 내밀고도 괜스레 얼굴이 뜨거워짐을 느끼는 것이 요즘 분위기다. 분위기를 잘못 알고 악수를 청하는 사람이 되레 이상한 사람으로 비치는 오늘의 현실이 서글프고 안타깝다.

밖으로 외출할 때는 누구나 마스크 먼저 쓰는 것이 예의고 자신을 보호하는 최선의 예방책이다. 내가 반갑게 만나는 사람의 건강 상태를 알아볼 수가 없으니 서로 이러한 행동을 감사하게 생각해야 한다. 마스크를 쓰지 않은 사람이 다가오면 고개를 돌리거나 외면하는 현실에서 마스크는 어찌 보면 상대와 나를 이어주는 매개체 역할도 한다. 마스크를 미처 구해놓지 못한 사람들에게 마스크는 마치 자신의 건강을 지키는 커다란 방역 수단 하나를 잃어버린 것 같은 위기감을 준다. 몇 장의 마스크를 사기 위해 몇 시간씩 줄을 서서 기다려야 했던 것도 얼마 전의 일이다. 정부에서 강제적으로 5부제를 시행하면서 어느 정도 사람들이 줄을 서는 것을 면했지만 일주일에 2장씩만 구입할 수밖에 없는 사람들은 일회용 마스크를 구매하기 위해 얼마나 오랫동안 같은 생활을 반복해야 하는지 두렵기만 하다.

이 두려운 시기는 어머니를 뵈는 기회도 앗아갔다. 어머니는 지금 전국에서 코로나바이러스 확진자가 가장 많이 발생한 대구에 계신다. 매일 주간보호시설로 출퇴근하고 계셔서 불안하기만 한데 선뜻 모시고 오지도 못하고 있다. 청주가 대구보다 확진자 수가 적어 안정적일 수 있음에도 나는 사회적 거리두기를 핑계로 지금 어머니를 방치한 것은 아닌지 의구심을 갖고 있다. 좀 더 빨리 어머니를 모시고 와야 했다. 잠시 유행하다 끝이 나겠지 하는 안일한 생각을 가졌다가 시기를 놓쳐버린 것이다. 내가 대구를 방문하는 것조차 이제 주위에서 싫어하고, 대구에 사시는 누나도 오지 말라고 한다. 왕래하다가는 앞으로 어떠한 일이 벌어질지 아무도 모르기에 '알겠다'고 하며 기다리고 있지만, 마음 한구석에서는 '이기적인 놈'이라는 말이 들린다. 어머니가 아닌 내 아들이나 딸이 대구에 있었다면, 과연 나는 어떤 행동을 했을까 생각해 본다. 특별히 아들이나 딸이 대구에 계속 있어야 할 필요가 없다면, 청주로 오라고 했을 것이다. 사람은 참 이기적으로 변한다. 부모님과 자식에 관한 것이 이렇듯 큰 편차를 보인다. 아무래도 마음의 수양이 부족한 것 같다.

어머니도 자식인 나를 위해 더 많은 희생을 하며 일생을 살아오셨을 것인데, 자식은 그 사랑을 받으면서 그 고귀한 사랑이 귀한 줄도 모르고 살았나 보다. 저 잘났다고 큰소리치며 살다가 결혼하여 자식이 생기니 사랑의 눈빛을 위로 올려다보지 못하고 아래로만 내려다본다. 벌써 많은 시간 어머니를 뵙지 못하고 있다. 어머니는 얼마나 아들을 그리워하실까 생각하니 가슴이 먹먹하다. 아무리 사회적 거리두기가 중요해도 이를 핑계로 가족 간 거리두기를 계속한다는 것은 큰 불효가 아니겠는가.

점점 코로나바이러스의 세력이 우리나라에서는 어느 정도 안정되어 가는 듯하여 다행이다. 사회적 거리두기를 하여 완전하게 이 땅에서 코로나바이러스로 인한 감염자가 해소되어 이 상태를 끝내야 한다. 사람들의 왕래가 없으니 사회구성원 모두가 심한 우울증과 경제적 타격으로 인해 생계가 위험한 시경에 처한 사람들도 나타나고 있다. 더 진행된다면 나는 물론 우리 사회 그리고 국가와 전 세계의 모든 사람에게 씻을 수 없는 큰 피해가 야기되리라. 그런 사태가 발생하면 자칫 경제적 문제와 맞물려 소요 사태와 나라 간 전쟁이 일어날지도 모른다. 올해 개최되어야 할 2020년 도쿄올림픽도 연기되었다. 그만큼 세계의 정세가 불안정한 것이다. 스스로 외부와 격리된 생활은 나를 지키고 국가를 지키는 해답이 될 수 있다. 조금만 참고 2주간 타인과 접촉을 통제하면 더는 감염자가 나타나지 않을 수도 있으리라 본다. 빨리 그런 날이 돌아와 어머니를 모시고 봄나들이 가고 싶다.

판시판의 기적

여행하다 보면 날씨에 따라 난처한 상황이 생기는 경우가 종종 있다. 처음부터 날씨가 좋지 않으면 여행 일정을 변경하거나 대비를 할 수 있지만, 현지에서 아무런 예고도 없이 변덕스러운 날씨를 만나면 머릿속이 하얗다. 특히 고산지대에서의 날씨는 종을 잡기 어렵다. 덥다가도 금방 추워지고, 쾌청하다가도 빗방울이 쏟아진다. 봄 날씨라고 아무 준비 없이 오른 산속에서 눈을 만나면 생명에 위험을 느낄 수도 있다. 그만큼 고산지대는 기후변화에 철저하게 대비해야 안전하다.

지난해 가을 베트남 '사파'와 '박하'로 사진 촬영을 떠났다. 중국과 국경을 마주하고 있는 '라오까이'를 기준으로 왼쪽에는 고산족 마을인 '사파'가 있고 오른쪽에는 화몽족이 주로 모여 사는 '박하'가 있다. '사파'에서 시골 전경을 촬영하고 나오는데 동료 한 명이 "베트남에 왔으니 인도차이나반도 최고봉인(3,143m) 판시판(Phang Xi Pang)을 올라가 보아야 하지 않을까?"라고 말한다. 가랑비가 내렸다가 그치기를 반복하는 저녁 무렵 올라가 보기로 했다. 산 정상을

보니 어디가 판시판인지 구분할 수도 없었다. 너무나 짙은 운무雲霧에 가려 산 위쪽으로는 아무것도 보이지 않았다. 난감해졌다. 베트남에 와서 인도차이나 최고봉에 올라가 보았다는 상징적인 의미 하나만이라도 기억하고 싶다는 동료의 말을 무시할 수도 없었다. 그렇다고 아무것도 보이지 않는데, 운무를 느끼자고 빠듯한 시간을 쪼개 올라가는 것도 쉽게 결정할 일이 아니었다. 더군다나 판시판에 오르려면 케이블카를 타고 가서 다시 모노레일로 갈아타야 한다고 하는데 우리 여행비용에는 이 금액은 책정되어 있지 않았다.

여행은 동료와 같이 호흡을 맞추며, 개개인의 요구사항을 잘 수용하여 서로 양해하고 협조하며 들어주어야 편하고 즐거워진다. 어느 한 사람이 서운하다고 느끼면 여행하는 내내 서로 불편해진다. 그것이 화합을 깨치고 서운한 마음에 여행 자체가 망가지는 경우를 종종 보아 왔다. 다행히 한 사람의 요구라도 수용해 같이 즐기자는 의견을 모아 '판시판' 정상을 행해 출발했다.

늦은 시간이라 판시판을 오르려는 사람들이 거의 보이지 않았다. 황량하다고 느낄 만큼 조용했다. 평소에는 케이블카를 타기 위하여 수많은 사람이 대기한다는데 매표소 입구에는 줄을 선 사람이 하나도 없었다. 이것도 행운이라고 여겼다. 유명 관광지에 가면 표를 사기 위하여 수십 미터씩 줄을 서서 기다려야 하는 일이 비일비재하다. 저녁 마감 시간이 임박해 조금도 지체할 수 없었기에 얼마나 다행인지 모른다.

입장료가 만만치 않았다. 케이블카는 1인당 왕복 75만 동(한화 약 36,000원)이고, 3,000m 지점에서 다시 모노레일로 갈아타야 하는데 그 금액이 왕복 32만 동(한화 약 16,000원)이나 되었다. 베트남의 물가를 고려해 볼 때 너무나 비싼 요금이지만 케이블카로 30분 정도를 올라가야 하므로 고맙게 받아들일 수밖에 없었다.

케이블카에 오르자 커다란 셔틀이 우리를 담아 하늘을 향해 솟구치기 시작했다. 케이블카가 지나는 아래 대지大地는 기다란 도로를 따라 다랑이 논이 산기슭으로 아름다운 곡선의 경계를 만들며 이어져 있다. 가지런하고 아름다운 도형을 보는 것 같다. 몇 채의 주택이 다랑이 논에 둥지를 틀고 있어 평온해 보인다. 어릴 적 고향 시골 풍경처럼 고즈넉하고 한가롭다. 외형적인 모습만 보면 낙원처럼 보인다. 풍요롭고 여유로움이 넘쳐날 것 같은 전원풍경이 내 어린 시절 고향마을을 떠오르게 한다.

어린 시절 고향마을은 전형적인 농촌 마을이었다. 신작로를 따라 양옆으로 이어진 논배미들과 논두렁이 기형학적인 모습으로 곡선을 이루며 이어져 있었다. 대체로 계단식이 아닌 평지 형태였지만 드넓은 뜰은 풍요로움을 줄 것 같은 넉넉함이 있었다. 신작로 옆으로 늘어선 미루나무는 여름에는 시원한 그늘과 둥둥 떠다니는 구름이 잠시 쉬어가는 의자 역할을 했고, 가을에는 갈색 팔랑개비를 날려주는 마술사가 되기도 했다. 그랬던 고향도 이제는 많이 변해가고 있는데 지금 눈앞에 펼쳐진 베트남 농촌 마을의 평화로움이 나에게 옛 추억을 선물하여 행복하다.

15분쯤 올랐을까. 바로 옆으로 지나가는 케이블카의 모습도 흐릿하다. 우리가 오르는 케이블카의 늘어선 줄만이 보일 뿐이었다. 마치 하늘나라를 향해 줄을 타고 올라가는 느낌이 들었다. 아무것도 믿을 수 없는 위치에 와 있다는 것은 두려움이다. 오직 믿을 것이라고는 굵은 줄 하나였고, 신의 가호加護였다. 여기서 멈춘다면 어떻게 될까. 생각해 보아도 해답이 없는 답을 머릿속으로 찾고 있다. 역시 인간은 절체절명의 순간이 오면 나약한 존재가 된다는 것을 부정하기 어려웠다. 이왕 이렇게 오르고 있으니 제발 정상에 오르거든 바람이나 세게 불어 산 정상의 운무를 모두 날려 보내 달라고 기도했다. 이처럼 안개가 짙게 끼었을 때는 쉽게 걷히지 않는 것을 알지만 백두산에 갔을 때의 기억이 생각나 자꾸만 되뇌어 보았다. 혹시 아는가. 먼 길 달려왔다고 산신山神이 감읍感泣해 내가 원하는 기원을 들어주실지….

케이블카가 도착한 역내는 상점들도 철수를 준비하느라 문을 닫아 버렸다. 케이블카는 여기까지만 운행하고 여기서 정상까지는 모노레일로 바꾸어 타고 가야 한다. 밖으로 나가는 날씨가 영하로 떨어진 듯 너무나 춥다. 한 치 앞도 보이지 않을 정도로 안개도 가득하다. 힘들게 오르지만 않았다면 이 분위기도 괜찮아질 것 같다. 얇은 옷차림이어서 너무나 춥고 시야가 확보되지 않아 올라가도 아무것도 볼 수 없다고 생각하니 정상에 올라가야 하는가를 고민하게 한다. 일행 중 두 사람은 정상에 오르기를 포기하고 나머지 일행만 모노레일에 올랐다. 나도 모노레일로 올라탔다. 대각선으로 놓인 레일로 모노레일은 느릿한 속도로 기어오르기 시작했다. 옆에 사찰이 있지만 희미한 윤곽뿐 무엇이 있는지 가늠조차 어렵다. 모노레일이 멈추어선 곳에서 조금 걸어 오르니 삼각뿔 형태의 조형물이 보인다. 판시판 3,143m라는 글씨와 별이 새겨진 표지판이 내가 올라온 곳이 베트남의 땅 판시판 정상이라는 것을 말해 주었다. 정상에서 내려다보아도 아무것도 보이지 않고 운무만 넘실댄다. 지리산 노고단에서 피어오르던 운무를 만난 느낌이다. 근처에 서 있는 사람의 윤곽도 어릿하다. 사람이 있다는 것을 보여줄 뿐 누군지는 모를 정도다. 풍경을 볼 수 없어 너무나 아쉽다. 이 운무를 거둘 수 있는 이는 신神 뿐이다. 화라도 나시면 좋겠다. 바람을 일으켜 이 뿌연 운무를 걷어내면 좋겠다. 그러나 신은 화를 내고 싶지 않

은가 보다. 요동도 하지 않는 운무를 바라보며 서성대다 마음을 접었다. 너무 힘들게 올라왔는데 그냥 내려가려니 발이 떨어지지 않는다. 그러나 어쩌랴. 대자연의 이치를. 일찍 내려가는 것이 감기에 걸리지 않는 최선의 방편이겠다.

아쉬움을 뒤로하고 정류장으로 내려와 모노레일에 올랐다. 그리고 모노레일이 움직이려는 찰나, 앞쪽 구름 사이에서 파란 하늘이 언 듯 스쳐 지나가는 것이 보였다. 순간, 하늘이 드러날 수 있겠다는 생각이 번득였다. 갑자기 가슴이 뛰기 시작했다. 두근거리는 가슴을 쓸어안으며 스톱! 하고 순간 소리를 질렀다. 내가 소리를 지르자 기사가 당황한 모습으로 급하게 모노레일을 멈추었다. 그리고 통하지 않는 말에 대꾸도 하지 않고 가이드에게 흥정시켰다. 모노레일에서 내려야 했고, 이미 티켓팅ticketing을 한 상태라 다시 타기 위한 적절한 조치를 해야 했다. 나는 모노레일에서 내려 다시 정상으로 뛰었다. 계단을 한달음에 뛰어올랐다. 어디서 그런 힘이 났는지 모른다. 올라가자 기적처럼 산 정상부만 깔끔하게 운무가 사라지고 있었다. 올라올 때는 상상도 할 수 없었던 모습이다. 내가 구름 위에 서서 주변을 내려다보고 있었다. 주변의 모든 안개가 걷혀 저녁 노을빛에 빛나고 있었다. 숨을 몰아쉬며 정신없이 카메라에 주위 풍경을 담았다. 이때는 추운지도 몰랐다. 어떻게 해서라도 더 많은 컷을 담으려는 생각밖에 없었다. 여기저기 동서남북을 뛰어다니며 풍광風光을 담는데 가이드가 올라온다. 가이드는 "여덟 번이나 이곳에 올라왔는데 이런 경관은 보지 못했습니다"라고 하며 벌어진 입을 다물 줄 몰랐다.

기적이 있을까? 많은 사람도 궁금해할 것이다. 나도 기적이 있다고는 믿지만 나에게 그런 기회가 올 것이라고는 생각해 본 적이 없다. 간절히 바라면 이루어진다는 확신을 가진 사람들은 늘 필요한 것이 생기면 기도한다. 다 받아주지는 않지만, 간혹 간절함이 하늘에 닿으면 소원을 이루어 주기에 신을 믿고 그 절대자에게 자신이 이루고 싶은 간절함을 염원하며 기원하는 것이리라.

판시판을 오르며 이곳에서 정상을 볼 수 있게 해달라고 마음속으로나마 염원했던 걸 이뤄 행복했다. 신이 나에게 화답한 것인지 자연의 조화가 맞아떨어졌는지는 중요하지 않다. 내가 불가능하다고 믿었던 것을 이루게 해 달라고 염원했던 것이 성취된 것이다. 문을 두드리면 열린다는 심정에서 했던 기도가 이루어져 마음에 깊게 각인되었고 고맙다.

살다 보면 많은 것이 인생 항로에 장애물로 나타난다. 모두 헤치고 나가는 건 쉽지만은 않을 것이다. 힘이 들고 어려운 일들이 켜켜이 쌓이더라도 한 번쯤 두 손 모으고 문제를 해결해 달라는 간절함이 통하면 삶을 살아가는 데 희망이 되지 않을까? 어렵다는 이유만으로 삶을 포기하는 사람들에게 잠시 마음을 돌려 어려운 자신의 처지를 간절한 마음으로 누군가에게 도와달라고 염원하는 것은 어떨지? 그렇게 되면 누군가의 힘으로 그 어려움을 극복할 지혜나 생명의 길을 인도해 주지 않을까? 판시판 정상을 보고 싶다는 열망이 보여준 기적처럼 어려움에 봉착한 모든 사람이 마음속으로 난관을 극복할 해법 기도를 통하여 찾아보기를 권유해 보고 싶다. 판시판의 황홀했던 순간이 어른거린다.

피난 가던 날

메마른 대지를 덥히는 태양의 이글거림이 한 달째 계속되고 있다. 밭에 심은 농작물은 수분공급이 되지 않아 성장을 멈춘 것처럼 보이는 것이 고사枯死 직전이다. 비가 오지 않는 날이 이어지면, 올해 농사도 어쩌면 망칠지 모른다는 우려가 들자 마음이 급해진다. 수돗물이라도 길어다가 고추에 물을 주어야 하나 했지만, 너무 더워 엄두가 나지 않아 망설여진다. 물을 떠다 날라야 하는 것이 보통 일이 아니기에 하늘만 쳐다보고 있다. 장마 예보는 나오지만, 하늘은 아직 열리지 않는다.

'그래 풀이라도 뽑아 주자'라고 하며 쪼그리고 앉아 비닐을 뚫고 고개를 내민 잡초를 제거하고 있었다. 풀들은 생명력이 강하기도 하다. 척박한 땅에서 물 한 모금 없어도 끊임없이 올라온다. 그때 갑자기 후드둑 거리는 소리가 들린다. 비다! 드디어 하늘이 비를 쏟아붓는다. 이렇게 고마운 일이 있을까. 장대비가 불과 삼십 분 정도 쏟아졌을 뿐인데 밭고랑에 도랑물이 흐른다. 며칠간의 고민이 한 방에 해결되었다. 힘을 다해 물을 길어 고추밭에 부은들 어찌 한바탕 쏟아지는 빗줄기에 비하겠는가. 자연 앞에서는 항상 겸허해질 수밖에 없다.

그런데 이게 웬일인가. 멈추지 않고 쏟아지는 빗줄기가 수상하다. 이거야 와도 너무 온다. 사람의 마음이 이렇게 그때그때 달라지다니 간사하기 짝이 없다. 적당량을 내려주어야 하는데 이러다간 자칫 작물이 물에 잠기지 않을지 새로운 걱정으로 불안하다. 지난해 비가 너무 많이 내려서 모두 잠겨버렸던 생각이 났다. 그렇게 되면 이거 큰 낭패 아닌가. 매년 되풀이되는 장마지만 지난해의 경우 워낙에 폭우가 쏟아지다 보니 위기감까지 느꼈다. 그러니 장마철에는 긴장할 수밖에 없다.

초등학교 시절에 만났던 그 장마는 세월이 많이 흘러갔지만 잊을 수 없다. 당시 장마와 더불어 큰 태풍이 몰려온 적이 있었다. 처음에는 조금씩 냇가의 물이 불어 족대를 들고 미꾸라지를 잡으러 나갔다. 장맛비가 세차게 쏟아지면 하늘에서 미꾸라지가 곤두박질하며 뚝뚝 떨어지기도 했다. 여기저기 보 두렁 옆 도로에서 심심치 않게 기어가는 미꾸라지가 보였다.

어른들은 비를 타고 하늘로 올라가던 미꾸라지들이 힘이 빠져 떨어지는 것이라고 했다. 어떻게 미꾸라지가 비를 타고 하늘로 올라간단 말인가? 나는 어른들이 거짓말을 시키는 것이라고 여겼지만, 실제 길에는 떨어져 기어 다니는 미꾸라지를 볼 수 있었다. 물이 떨어지는 수멍 부근에는 미처 상류로 올라가지 못한 미꾸라지가 족대를 한번 건져 올릴 때마다 한 움큼씩 걸려 나왔다. 쏟아지는 비를 맞으면서도 그렇게 신이 날 수 없었다.

금방 가지고 간 양동이가 가득 찼다. 그런 날은 내가 미꾸라지 잡는 신神이라도 된 것처럼 신명이 났다. 잡힌 미꾸라지들은 서로 몸을 비비며 꿈틀댔다. 외부에 노출되면 하얀 포말을 만들어 제 몸을 감추려고 애쓴다. 어머니께서는 칭찬하시며 항아리 속에 넣어 두셨다. 필요할 때마다 꺼내 조금씩 미꾸라지탕을 끓여 주기 위해서다. 바다 생선을 구경하기 어려웠던 시절에 미꾸라지는 소중한 영양을 보충할 식재료였다.

적당량의 비는 그렇게 유익한데, 그날은 해가 지고 저녁이 되었는데도 비가 그치지 않고 계속 쏟아졌다. 밖에 다녀오신 아버지께서는 "청미천 제방이 터졌다"라고 하시며 걱정하셨다. 저녁밥을 드시면서도 아버지는 수심이 가득한 얼굴로 자꾸만 뒷문을 열어보셨다. 아직 담장 너머 논에 심은 벼는 완전히 침수되지는 않았지만, 출렁이는 물결에 벼가 보였다 잠기기를 반복했다. 내 눈에는 벼들이 물에 잠기지 않으려고 까치발을 치켜뜨는 것처럼 보였다.

집 뒷마당에서 아랫동네 사이에는 1km는 됨직한 큰 평야가 있다. 한여름이면 벼들이 바람에 춤을 추며 초록빛으로 물결쳤다. 그런데 초록 바다는 온데간

데없고 황토 물결이 출렁댔다. 평지에 있는 우리 집은 물에 갇혀 버린 것이다. 조금만 더 비가 내리면 집안으로 물이 밀려 들어올 판이다. 너무 두려웠다. 물이 그렇게 두려울 수가 없었다. 장마로 개울에 물이 불어나면 달려가 물놀이하며 지냈다. 물이 없으면 재미가 없었고 심심했는데 그날은 물이 무서웠다. 그날 나는 두 얼굴을 가진 물을 보았다. 같은 물임에도 냇가에 물이 불어 수영을 하던 재밌는 물이 있는가 하면, 완전히 다른 악마의 상태로 변해 버린 물을 보았기 때문이다.

아무 말 없이 뒷문만을 응시하던 아버지가 결심을 굳히셨는지 "이불을 싸라"고 하셨다. 아버지의 표정은 마치 전쟁터로 떠나는 사람처럼 엄숙했고 목소리는 단호했다. 어머니와 나는 이불 하나만을 보자기에 싼 후 아버지를 따라 윗동네로 떠났다. 갈 집을 정해 놓으신 것도 아니었다. 그냥 무작정 집에서 밤을 보내기가 어렵다는 판단이 서자 탈출을 선택하신 것이다. 우리 가족은 아무것도 가져가지 못하고 맨몸에 이불 하나만 들고 피난길에 나섰다. 전쟁이 일어난 것도 아닌데 집을 버려두고 피난길을 택한 것이다. 쏟아지는 폭우와 넘쳐흐르는 물로 인해 도로도 도랑이 되어버렸고, 자박거리며 걷는 내 고무신 속으로 물은 쉴 새 없이 들락거렸다.

윗동네에 이르러 한 집으로 갔다. 밤중에 문을 두드리자 주인이 깜짝 놀라며 나와 맞이해 주었다. 시골의 인심은 언제 누가 찾아와도 반갑게 맞이한다. 왜 왔는지 물어보지도 않았다. 말하지 않아도 우리 처지를 알고 있었기에 그저 환대만 했다. 그 집도 잠을 이루지 못하고 가족들이 모여 있었다. 사람들의 근심인양 호롱불에 어른거리는 얼굴 뒤로 길게 그림자가 만들어졌다. 여기까지 물이 차 들어 오지야 않겠지만 들판에 물이 엄청난 속도로 불어나고 있어 마음을 놓을 순 없었다. 우리는 뜬 눈으로 그렇게 밤을 지새웠다. 아침에 보니 어른이나 아이나 모두 피곤한 몰골이다.

비가 그쳤다. 신기하게도 바다처럼 넘실거렸던 들판 물이 어디론가 모두 가버렸다. 우리는 안도의 한숨을 내쉬며 집으로 돌아왔다. 집을 둘러보니 차오르던 물이 뒷문까지 들어왔다 나갔다. 고맙게도 문턱에서 넘실대다 한강으로 빠져나간 것이다. 비가 조금만 더 내렸다면, 아마도 집안 전체가 물에 잠겼을 것이다.

물이 빠지자 사람들이 물 구경을 나왔다. 청미천을 가득 채운 흙탕물이 도도하게 거품을 만들며 거칠게 흘러갔다. 미처 안전한 곳으로 옮기지 못한 소와 돼지 등 가축이 떠내려가고 있었다. 물이 어느 정도 빠져나가도 물속에 잠겼던 농토는 흙으로 범벅되어 농부들 시름도 깊어졌다.

지금도 태풍과 폭우가 내리면 어린 시절 피난 갔던 날이 떠오른다. 그때는 TV도 없고, 일기예보나 안내방송도 듣지 못하고 오로지 아버지의 직관과 판단에 따라 움직일 수밖에 없었다. 드넓은 평야에 차오르던 물은 두려움과 공포였다. 자칫 자만했다가는 육지 속에서 물에 고립되어 익사할 수도 있겠다는 생각도 들었었다. 엄청난 힘으로 쏟아지는 비는 공포를 넘어 생명까지 위협했다.

예전과 달리 수리 시설은 잘되어있지만, 장마철이 다가오면 걱정이 앞선다. 열심히 준비해도 더 큰 장맛비가 쏟아지면 속수무책으로 하늘만 원망해야 하는 일이 재현될 수 있기 때문이다. 문명시대를 산다지만 우리는 자연의 힘 앞에 한없이 나약할 수밖에 없다는 걸 깨닫는다. 자연 앞에서 결코, 경거망동해도 안 되고 자연을 업신여겨도 안 될 게다. 자연에 순응하고 지혜롭게 극복하며 살아가는 것이 현명한 선택임을 배우며 산다.

화살머리고지의 유해발굴을 보고

강원도 철원 DMZ 내 우리 쪽 지역인 화살머리고지 일대에서 6.25 전쟁 당시 전사한 국군 전사자들의 유해 발굴 작업이 한참 진행 중이다. 당시 전투에 참여했다가 전사한 군인으로 추정되는 유해가 다수 발견되고 있다는 뉴스를 보았다. 그중에는 자유민주주의를 수호하기 위하여 이역만리 타국에 유엔군으로 참전하였다가 사망한 외국인의 유해도 있다고 한다. 아무것도 남아있지 않았지만, 유골을 감싸 안고 있던 군번 줄은 타국에서 신음하며 쓰러져간 청년의 안타까움을 외면하지 못했나 보다. 가슴이 먹먹해진다. 아는 사람 한 명 없었을 한반도는 자신의 이해관계와도 아무런 상관이 없는 타국이지 않은가. 총성이 오가는 전쟁터 한복판에 그들은 무엇을 위하여 이곳에 서 있었을까? 2차 세계대전으로 대부분 국가가 전쟁의 참상을 보았을 것인데 그 아픈 상흔이 다 가시기도 전에 택한 자유에의 열망이 진정 자신의 목숨을 걸고서라도 싸워야 할 가치가 있다고 믿었던 것일까? 젊은 청춘들에게 자유는 가족과 친구보다 더 소중한 가치가 있었던 것일까? 나도 같은 입장이었다면 어떠했을까. 그들처럼 타국의 전쟁터에 자유 수호라는 의지 하나만을 믿고 홀연히 참전하여 그들과 피를 흘리고 목숨을 마쳐서 싸웠을까. 말문이 막힌다. 아무리 되뇌어 생각해 보아도 그런 열정과 투지와 자유 수호를 외치며 목숨을 초개처럼 바칠 수 있을지 장담하지 못한다. 나의 이기심이, 용기가 요만큼 밖에 되지 못한다는 사실이 부끄럽다. 목숨은 누구에게나 소중할 것이다. 죽는다는 것은 누구에게나 공포심과 두려움을 줄 것이고, 가족을 향한 그리움은 태풍보다 클 것이다. 그런 극도의 외로움과 두려움을 그들은 어떻게 견디며 싸웠을까? 아마도 우리 삼촌들의 격려와 보살핌으로 두려움을 잊으며 외로움을 견디었을지도 모른다.

영대 삼촌이 그리워진다. 스물두 살 젊은 청춘은 6.25 사변 발

발 후 국군에 입대하였다. 조국을 지키기 위하여 참전한 전쟁터는 아비규환이었을 것이다. 빼앗으려는 자와 빼앗기지 않으려는 자들 간의 목숨을 건 전장에서 눈앞에 그리던 것은 단 하나 총성이 멈춘 조국이었을 것이다. 그 조국을 수호하고 지키기 위한 몸부림은 젊은 청년에게도 쉽지 않은 고통이었을 게다. 밤낮없이 총알이 빗발치는 전쟁터 한복판에서 편지를 쓰고 있다는 마지막 편지를 아버지에게 보낸 후 삼촌은 전사하셨다고 한다. 밤하늘에 빛나는 별빛과 수없이 날아오는 총탄의 섬광을 바라보며 삼촌은 어떤 생각을 하셨을까. 집에 홀로 남겨진 어머니와 형님을 그리워하며 살아 돌아가겠다는 의지를 다졌으리라. 살아있어야 다하지 못한 효도를 할 것이고, 자랑스럽게 내 조국을 지키기 위하여 목숨을 다 바쳐 싸웠다고 자랑하고 싶었을 게다. 그러나 아무도 삼촌의 유해를 보지 못했다. 수많은 전사자가 영면에 잠든 국립묘지에도 영대 삼촌의 흔적은 없다. 할머니가 받으신 것은 전사 통지서가 전부였다고 한다. 아무도 영대 삼촌의 죽음에 대하여 슬퍼하거나 내색하지도 못했다고 한다. 전쟁은 사람의 감정을 지치고 힘들게 만든다. 나만 자식을 전쟁에 내보낸 것이 아니고 내 자식만 주검으로 돌아오는 것이 아닌 현실에서 눈물마저도 사치처럼 보였을 것이다.

영대 삼촌은 휴전선 부분 어딘가에서 전우들과 함께 전사했을 것으로 추정된다. 찾고 싶어도 찾을 수 없는 영대 삼촌의 흔적은 할머니와 아버지에게는 아프고 애달픈 고통이었을 것이다. 막대로 태어나 이제 막 성인으로서 성장해 나갈 꽃다운 나이에 돌아올 수 없는 길을 떠난 아우의 모습을 아버지는 오랫동안 가슴에 쓸어 담고 사셨다. 그런 아픔 때문인지 아버지는 영대 삼촌이 결혼도 못 하고 총각으로 세상을 등진 것을 안타까워했다. 그런 삼촌의 영혼을 달래주려고 아버지는 스님에게 영가 결혼식을 올리고 싶다는 의사를 표했고, 배필이 될 여인을 알아봐 달라고 하셨다. 스님으로부터 삼촌의 배필을 구했다는 연락이 왔을 때 아버지의 얼굴은 환하게 밝아지셨다. 서둘러 아버지는 영가 결혼식 날짜를 잡으시고 삼촌의 영가 결혼식을 올려 원혼을 달려주셨다. 얼마나 가슴에 묻어 두었던 동생이었으면 영가 결혼식 날 아버지의 눈가에 이슬이 맺혔다. 맺혔던 이슬은 분명 그리움과 고통이 수반된 눈물이었다. 어쩌면 동생을 이제 가슴에서 떠나보내도 되겠다고 생각하셨는지도 모른다. 일가친척 아무도 없는 조촐한 영가 결혼식이었지만, 삼촌에게는 세상에서 마지막으로 치르는 혼례가 되었다. 아름다운 여인의 손을 잡고 요단강을 건너며 함박웃음을 지을 것 같은 삼촌의 모습이 어른거리다가 사라졌다.

나는 아들이 군에 입대한 후 아들의 유전자를 국군 유해 발굴단에 남겨두라고 하였다. 언젠가 비무장지대든 남북이 통일되어 발굴하든 영대 삼촌의 유해를 찾게 되면 연락이 오리라는 기대 때문이다. 그 시기가 언제가 될지는 나도 모르지만, 현재 우리 국방부가 전사자들의 유해 발굴을 계속 추진해 나가 기대감을 갖게 된다. 현재는 남한 지역에서만 국군 유해 발굴이 진행되고 있지만, 남북이 통일되면 북한 지역에서도 유해 발굴이 가능하기에 언젠가는 영대 삼촌을 만나게 되지는 않을까. 전쟁은 언제나 고통만 남겨줄 뿐이다. 승자는 존재하지 않고 오직 패자만이 남을 뿐이다. 전쟁은 몇 명의 잘못된 판단에서 발생하지만, 대부분 국민이 피해자로 전락하게 된다. 이는 인류 역사를 되돌아보면 분명하다. 한국전쟁이 끝난 지 벌써 66년이 지났지만, 우리 주변에는 아직도 전쟁의 후유증으로 고생하는 사람들이 너무나 많다. 이산가족이 그렇고 남북의 대치 속에서 전쟁에 관한 공포심을 버리지 못하고 마음속에 감추고 사는 우리가 피해자이기 때문이다.

남북관계 역시 평화와 화해의 물결이 넘실대며 곧 한반도에서 종전이 끝나고 통일이 다가오는 듯하더니 다시 냉전의 시대로 되돌아가는 듯한 모양새다. 분노와 대결은 이제 한반도에서 계속되면 안 된다. 북한이 핵을 버리고 실리를 찾으면 쉽게 해결될 평화 분위기가 핵을 고집하는 바람에 쉽게 평화 세상으로 나가지 못하고 대결 구도를 지속하고 있다. 얼마나 더 가슴을 쓸어안으며 살아가야 한다는 것인지 말문이 막힌다. 이제 한반도는 전쟁을 위한 모든 무기체계를 내버리고 오직 국민이 자유와 평화로운 세상에서 얼굴 비비며 행복하게 자신의 역량을 키우고 개발하며 살아가야 할 국가가 되어야 한다. 그것만이 우리 겨레가 살아갈 길이요 민족의 동질성을 훼손하지 않고 지켜나가는 길이 될 것이다. 그렇게 될 때 화살머리고지에서 찾아낸 전사자들의 유해처럼 한반도 곳곳에 아무런 묘비도 흔적도 없이 묻힌 전사자들을 찾아내 따뜻하고 아름다운 쉼터에서 영면에 들도록 할 수 있는 날이 다가올 것이다.

이야기 넷

음악 찻집에서

내 편 네 편

폭염으로 전 국토가 뜨거운 불덩이가 되어 활활 타오르고 있다. 누가 불을 지른 것도 아닌데 벌써 한 달 가까이 한낮의 온도는 40℃에 육박하고 한밤중에도 25℃가 넘는 열대야 현상이 계속되고 있다. 이러한 날씨는 사람들의 불쾌지수不快指數를 높여 자칫 싸움을 유발하고, 작은 감정싸움도 큰 싸움으로 번질 개연성이 높다. 그만큼 인간의 심성을 편하게 하지 못하고 이성보다는 감정을 앞세워 상대에 대한 배려가 없어진다.

요즘 폭염이나 열대야보다 더 가슴에 불을 지르는 현상이 정치권과 사법부에서 일어나고 있다. 이는 불난 곳에 기름을 끼얹는 형태로 폭염에 힘겨워하는 국민의 가슴에 화약을 한 주먹씩 던져 넣는 형상이다. 그로 인해 뜨겁게 달구어진 가슴이 금방이라도 터질 듯 끓어오르고 이를 식히느라 애를 먹고 있다. 정치인들이 폭염으로 고생하는 국민을 위로하고 기분을 좋게 만들어 주는 것이 아니라 오히려 더 불난 집에 부채질하고 불 속에 기름을 끼얹는 언사가 속출한다.

국회는 그동안 용돈 나누어 쓰듯 사용하던 특수 활동비가 국민으로부터 거센 비난을 받자 이를 폐지하겠다고 원내대표들이 모여 결정했다는 기자회견을 했다. 나는 이제야 국회가 제대로 정신을 차리고 올바른 일도 좀 하려나 보다라고 생각하며 미소지었다. 그런데 알고 보니 모든 특수 활동비를 폐지하는 것이 아니라 전체 비용의 약 4분의 1 정도인 교섭단체 몫으로 지급되는 범위에 대해서만 폐지하기로 했다는 것이다. 그런데도 마치 모든 특수 활동비를 폐지하는 것처럼 발표했다. 여론을 의식하여 일부만 폐지하기로 했음에도 자세한 설명 없이 국회 특별활동비 전부를 폐지하는 것처럼 발표함으로써 국민을 속이려는 의도를 가졌다고 볼 수 있다. 참으로 가소롭고 도대체 이런 국회의원들을 믿고 이 나라가 잘되기를 바라고 있다고 생각하니 속에서 천불이 끓어오른다. 아무리 보아도 국회의원은 하는 일도 없이 특권을 누리며 국민의 세금을 축내는 가장 썩어버린 집단이라는 생각이 든다. 그대로 놓아두면 국가가 망할 위험이 있다. 여야를 막론하고 국민보다는 자신들의 주머니 챙기기에 정성을 들이고, 국민은 안중에도 없다. 선거 때가 되면 불나방처럼 찾아와 국민의 종이 되고 국민을 위하는 국회의원이 되겠다고 머리를 조아리며 목소리 높여 외쳐대다가도 금배지만 달면 언제 내가 그런 소리를 했느냐는 듯 먼 산만 바라보는 불쌍한 국회의원들이 하나둘인가. 나는 국회의원들이 종이 되기를 바란 적도 없고, 무조건 국민만을 위해 살라고 요구한 바도 없다. 다만 열심히 일하고, 그 일한 만큼의 대가를 받고 대의민주주의를 지키기 위하여 국민의 심정에서 사심 없고 거짓 없이 일해주길 바랄 뿐이다. 의정활동에 꼭 필요한 경비는 마음대로 쓰고 대신 정확하게 영수증을 첨부하여 사적으로 사용하지 않았다는 것만 확실하게 증빙해 놓기만을 바랄 뿐이다. 어느 정도의 특권을 가져도 좋겠다. 그러나 그 특권을 이용하여 국민을 상대로 사기 치듯이 행동하여서는 안 된다. 적어도 국민이 부여해 준 권력과 급여 형식으로 지급해 주는 돈에 대한 가치에 걸맞은 정도의 일은 해주었으면 한다. 국민을 위한 법안을 심사하고 만드는 것보다 당리당략과 개인의 이익에 목숨을 걸듯 싸우는 모습은 원치 않는다. 네 편 내 편 편 가르기는 동서고금을 막론하고 국가의 멸망을 자초했다. 지나온 역사가 이를 말해 주지 않던가. 언제나 국민에게 달콤하고 행복한 소식만 전해달라고 하지도 않겠다. 적어도 가마솥에 넣어져 푹푹 삶아지는 것 같은 찜통더위에 피로해진 국민의 가슴팍에 기름을 부어 불은 지르는 행동만 하지 않았으면 하는 바람이다.

권력은 자신들이 만든 법안에서 발생하는 것이 아니다. 착각하고 있는 것 같다. 자신들이 법을 만들 수 있다는 것만 믿고 자신들에게 유리한 법을 만들고 잘못된 법이라도 손해가 될 것 같거나 주머니에 들어갈 돈이 적어지면 개정 절차를 밟지도 않는 파렴치한 모습도 보인다. 선거비용 보전에 관한 내용은 선거관리위원회에서 개정 권고를 했음에도 국회는 손도 대지 않고 처박아 놓았단다. 선거비용에 대해서 법은 선거 전에 각 정당에 보조금을 먼저 나눠주고, 선거가 끝난 뒤 후보자들이 쓴 비용 전액을 다시 국고로 채워주는 방식으로 만들어져 있다. 이는 이중으로 선거비용을 보전받아가는 것으로 국민의 세금을 도둑질해가는 것과 같다. 둘 중 하나는 분명 없애야 한다. 선거공영제 자체도 국민의 세금을 지나치게 정치인들의 편리를 위하여 사용한다는 비판이 있다. 그런 마당에 이중으로 돈을 정당에서 빼간다는 것은 분명한 횡령이지 않은가. 그런데도 정부나 사정당국 누구 하나 이에 대하여 개선하려는 의지를 보이지 않고 있다. 법이 존재하여 형사처벌의 대상이 되지 못한다면, 적어도 부당이득금 반환청구를 국가는 해야만 했다. 직무 유기 행위임에도 국회를 잘못 건드리면 피곤할까 봐 눈감아주고, 당사자들은 주머니가 가벼워질까 봐 법안을 처박아 놓고 있는 것이 우리 정치인들의 현주소라는 사실이 가슴 아프다.

언제쯤이 되어야 우리 국회의원들이 다른 나라의 의원들처럼 국민을 위하여 일하고, 청렴하며 사적 용도로 정부의 돈을 가져다가 쓰지 않는 모습을 볼 수 있을까. 요원할지도 모른다. 지금까지 정치권력과 국회는 내 편을 만들며 공생하듯 살아온 세월이 70년을 넘어가고 있다. 혁명처럼 모든 것을 다 풀어 헤집어 놓고 다시 구성한다면 어떨지 모르지만 사람 몇 명 바뀐다고 국회가 새롭게 바뀌기를 기대하는 것도 사치라는 생각이 든다. 그래도 선진국 대열로 들어서려면 최소한의 기본 양심을 가진 인사들이 국회의원이라는 호칭을 쓰며 의사당으로 걸어가야 하지 않을까 하는 기대할 수도 없는 망상을 해본다.

내 편은 과연 어디에 있는가? 힘없고 배경 없는, 국회의원들의 갑질 같은 행태에 가슴 터질 듯 움켜쥐고 고통스러워하는 내 편들은.

노잣돈

문자메시지가 들어오는 소리가 들려서 열어보니 오랫동안 연락도 없었던 B의 이름이 뜬다. 모바일 부고장訃告狀이었다. '참 낯도 두껍네' 내용을 보기도 전에 이 말이 절로 나온다. 내 인생 항로를 내 맘대로 되돌릴 수 있다면 절대로 만나지 않고 지나쳤을 사람 중 한 사람이다. 그는 나에게 막대한 금전적 손해를 끼치고선 지난 몇 년간 내 대소사에 한 번도 얼굴을 보인 적도 없거니와 축하한다는 문자메시지조차 없었다. 그런데 낯 두껍게도 부고장을 보내온 것이다.

사람과 사람끼리 사회구성원으로서 만나 활동하며 서로 간에 중요시하는 것이 관혼상제冠婚喪祭이다. 이 일을 소홀하게 여기어 무심코 지나쳐 그동안 쌓아왔던 오랜 우정이나 친밀감도 한순간에 금이 가는 경우가 허다하다. 그만큼 우리 관습상 관혼상제는 인간관계에서 중요한 부분을 차지하고 있다. 하여, 나는 아무리 먼 상가喪家라고 해도 직접 찾아가 조문弔問을 하는 것이 도리道理라고 생각하여 실천하며 살고 있다. '부모님이 돌아가셨나 보군, 아무리 미워도 찾아가 봐야지,' 하며 부고장을 여는 순간 나는 얼어붙고 말았다. '세상에! 망자亡者

가 B라고 되어 있는 게 아닌가! 왜 죽었을까, 그 젊은 나이에 왜 죽었단 말인가!'

B와 나는 25년 전 내가 사회생활을 처음 시작했던 법률사무소에서 직원으로 만났다. B는 성격이 밝은 면도 있지만 까불거리는 뒷골목 패거리 같은 성질도 가지고 있었다. 열심히 사람을 사귀고 천방지축天方地軸으로 돌아다녔지만 여기저기서 좋지 않은 소문도 함께 들려와 늘 걱정했다. 특히 조직폭력배가 가까이에 있었고, 잠시 그쪽에 몸담았던 전력도 있어 법조계에 근무하는 것이 이상할 정도였다. 항상 타이르고 생활을 신중하고 착하게 하라고 말을 했지만 어울려 다니는 몇몇 부류의 사람들이 여기저기서 사고를 칠 때마다 가슴이 조마조마했었다. B의 생활은 한 가닥 동아줄에 의지해 줄을 타고 있는 것처럼 위태해 보였다. 그만큼 성격이나 행동이 어디로 튈지 가늠하기 어려웠고 늘 충동적이었다.

어느 날이었다. 책상 속에 놓아두었던 예금통장을 꺼내 보니 통장에서 돈이 인출되어 사라져 버린 것이다. 당시 월급을 기준으로 내 1년치 급여에 해당하는 큰돈이었다. 아무리 생각해봐도 내가 인출한 기억이 없어 은행으로 달려가 돈을 인출한 날짜의 CCTV를 확인해 보았다. 돈을 인출해 갈 당시 촬영된 CCTV에는 B가 선명하게 찍혀있었다. 너무나 충격적이었고, 배신감이 들었다. 아무 일도 할 수 없을 만큼 정신적 혼돈 상태가 계속되었다. 패닉panic상태가 왔다고 하는 것이 이런 경우일지 모른다. 무슨 배짱으로 통장을 훔쳐다가 돈을 인출했는지 도무지 이해하기 어려웠다. 일반적인 사고를 하는 사람이라면 할 수 없는 도둑질을 하다니, 그것도 같이 근무하는 직장 상사의 책상에서 통장과 도장을 훔쳐 돈을 인출해 갔다는 것은 용서하기 어려운 일이었다. 사무실로 돌아가 B를 불러서 물어보니 "살려 주세요"라고 할 뿐 어디에 돈을 사용했는지 말이 없다. 며칠을 고민하다가 나중에 돈을 변제하겠다는 각서 한 장만 받고 넘어갔다. 용서해 주면 돈을 마련해 가지고 올 줄 알았다. 그러나 그것은 그러리라 믿고 싶었던 내 마음뿐이었다. 그는 그럴 생각이 전혀 없었는지 그 이후에 한 푼도 변제하지 않았다. 스스로 사무실을 사직하고 법원 주변에서 여기저기 쫓아다닌다는 소문만 무성하게 들렸다. 어쩌다 마주치면 마지못해 와서 인사만 하고 뭐가 급한지 말할 틈도 없이 사라져 버리곤 했다. 그럴 때마다 마음속에서는 불 같은 분노가 치밀다가도 '그래야 뭐하나, 내 속만 아프지' 하고는 속으로 삭이곤 했다.

이제 47살, 아직 세상을 등질 나이도 아니고, 아파서 치료받고 있다는 소문도 들은 바도 없다. 여기저기 무슨 돈 되는 일들을 찾아다니고 있다는 소문만 풍문風聞으로 들을 뿐이었다. 왜 죽었을까. 머릿속이 헝클어지기 시작했다. 처음 부고를 보았을 때 그의 죽음은 '자살自殺 아니면 누군가로부터 살해殺害 당했을 것'이라는 생각이 들었다. 그런 생각이 들었던 이유는 그동안 B를 보아 왔던 불안감 때문이었다. 그런데 기막히게도 내 생각이 들어맞았다. 그는 진짜 차 안에서 연탄불을 피우고 자살했다고 한다. 얼마나 많은 시간은 번뇌하고 고민하다가 죽음이라는 최악을 선택했을까. 사랑하는 아내와 자식들은 어떻게 하라고 그런 참담한 짓을 했는지 참으로 안타깝고 가슴이 미어진다. 문제는 역시 돈이었다. 그가 조직폭력배들의 돈까지 빌려 썼다는 소문이 들렸다. 그러다 보니 그들로부터 무수한 협박을 당했을 것이고, 아무리 주변을 둘러보아도 자신에게 돈이 생길 가능성이 없다고 판단되자 극한의 선택을 한 것으로 보인다. 결국, 돈이 사람의 생명을 앗아가 버린 것이다. 죽으면 아무 쓸모조차 없는 돈이 사람의 생명을 좌지우지하는 것을 보면서 왜 돈이라는 것이 생겨 사람의 목숨을 앗아가야만 하는지 원망이 들기도 했다.

그가 나에게 끼친 금전적 손해는, 이십여 년 전 몰래 내 통장에서 인출해 간 돈과 잠시 쓰고 갚아주겠다며 빌려 간 돈까지 합치면 어림잡아도 작은집 하나는 살 수 있는 정도의 큰돈이다. 그의 죽음으로 행여 언젠가는 받을 수 있으려나 하는 기대감마저 사라졌다. 지금, 내가 할 수 있는 일이 무얼까. 남편과 아비를 잃은 것만으로도 가슴에 큰 대못이 박혔을 불쌍한 처자식들에게 내 어찌 채무까지 상속시키랴. 그래, 노잣돈을 주었다고 생각하고 탕감해 주는 거다. 나는 마음속으로 봉투를 하나 만들었다. 봉투 속에 B에게 받아야 할 채권을 담았다. '참 몹쓸 사람이네, 그동안 자네를 원망한 적도 많았네, 이제 우리 사이의 계산을 끝내세. 이승에서 이런저런 부채 짊어지고 오느라 힘겹게 살았으니 저 세상에 가서는 돈에 쫓기지 말고 행복한 살게나'하고 빌어주며 마음을 비운다.

불어오는 바람이 머릿속을 깨끗하게 비워준다. 뒤엉킨 머릿속을 정리하는데 눈물은 왜 자꾸 흐르는지 모르겠다.

멀고도 가까운 이웃 베트남

어릴 적에 군인인 친구 삼촌이 휴가를 나올 때면, 미제 초콜릿을 가져와 얻어먹어 본 적이 있다. 그 당시 초콜릿을 먹을 수 있다는 것은 큰 행운이었다. 달달한 초콜릿 맛은 세상의 무엇보다 맛있고 달콤했다. 친구 삼촌은 월남전 파병 용사로 베트콩Viet Cong과 싸우고 왔다고 했다. 그 말을 들을 때 나는 삶과 죽음을 넘나드는 치열한 전장戰場은 생각하지 못했다. 단지 월남에 가면 맛있는 미제 초콜릿을 얼마든지 먹을 수 있으리라는 부러운 생각만 들었다. 어린 마음에 우리 친척들은 왜 월남에 간 사람이 없지 하는 아쉬움과 서운함까지 들었다.

미국을 도와 시작한 월남전은 1964년 9월부터 1973년 3월까지 장장 10년 동안 전쟁을 치른 것이다. 전사자는 5,000명이 넘었고, 부상자도 11,200명이 넘었다. 6.25 사변 이후 최대의 사상자를 기록한 월남전 파병은 어쩌면, 돈이 필요했던 국가에 의해 계획된 용병이었는지 모른다. 우리가 지원했던 자유월남越南은 패망하고 공산정권인 월맹越盟이 내전內戰에서 승리함으로써 베트남Viet Nam은 통일이 되었다. 그렇기에 베트남이 공산화된 이후 오랫동안 우리에게는

먼 나라로 인지된 것이 사실이다. 우리나라와 1992년 수교를 맺으면서 베트남과 교류가 활발해졌다. 특히 베트남 여성과 한국 남성이 결혼하는 수가 많아지며 서로 친밀한 관계도 형성되었다. 더불어 무역 규모도 확대되고 무비자로 자유로이 여행할 수 있게 되면서 예전 월남전에서 대치하던 베트남의 모습은 사라지기 시작했다.

많은 사람이 베트남을 찾는다. 아름다운 풍경을 자랑하는 '다낭'이나 '하롱베이', '호이안', '하노이'와 같은 지역이 이제 낯설지 않다. '하롱베이'는 바다에 점점이 떠 있는 섬들이 독특하고 생경한 모습으로 관광객들이 최고로 치는 명소가 되었다. 다양한 열대과일과 음식, 저렴한 물가는 여행을 좋아하는 사람들

에게 더없이 좋은 여행 코스이다. 오토바이가 줄지어 움직이는 도로의 풍경이나 상냥하게 웃어주는 친절함에서 그들이 새로운 역사를 만들어 가고자 하는 간절한 염원도 느껴진다. 야자수가 도로를 따라 줄지어 늘어선 해안선을 하얀 '아오자이'를 입은 아가씨가 '논라nón lá'를 쓰고 걷는다. 긴 머리를 휘날리며 달리는 모습은 이제 추억 속에서나 볼 수 있는 광경이 되었지만, 화보에 찍힌 이미지는 아직도 베트남을 바라보는 사람들에게 흠모의 대상이 되기도 한다.

베트남 지도를 보면 남북으로 길게 형성되어 있는 누에의 애벌레 모양이다. 서쪽으로는 캄보디아와 라오스, 북쪽으로는 중국과 국경이 맞닿은 나라로 예로부터 주변국의 침략과 예속을 받았다. 하지만, 꿋꿋하게 나라를 지켜 지금에 이른 모습은 우리나라 역사와 비슷하다. 베트남은 자신들의 문자가 없다. 오랜 외세의 식민지 생활로 인하여 베트남어를 사용하면서도 문자는 자신들의 억양에 맞도록 영어로 표기하여 사용하고 있다. 간판이나 책들이 영어를 사용한 것처럼 보여도 영어와는 전혀 무관하게 해석되어 혼동을 일으키는 연유이다. 영어권의 사람들조차도 도로표지판이나 광고 문구를 보아도 내용을 전혀 알 수 없다고 한다. 남쪽에서 북쪽 끝까지 가려면 1,650km나 된다. 남쪽 끝과 북쪽 끝에 사는 사람들의 문화나 환경, 살아가는 방식도 다르다. 독특한 문화를 바탕으로 한 하나의 민족이라는 공통분모를 찾기가 참 어렵다. 베트남에 비하면 우리는 남북과 단일민족으로 문화와 생활이 비슷한 덕분에 크게 이질성을 느끼지 않아 다행이다. 남북도 한반도 최남단에서 최북단까지의 거리가 1,178km로 결코 짧은 거리는 아니지만, 베트남은 우리보다 국토의 폭이 좁고 길어 북쪽의 소수민족들은 중국의 운남지역 주민들과 비슷한 특징이 있다.

요즘 베트남에 가면 대한민국 국민이라는 이유로 환영받는다고 한다. 그 특혜는 축구 역사에 길이 남을 만한 금자탑을 쌓은 박항서 베트남 축구대표팀 감독의 명성 덕분이다. 세계 랭킹 100위에 머물러 있는 베트남이 동남아시아의 월드컵이라 불리는 '스즈키 컵' 우승과 아시안게임 4강에 들었다. 베트남에서는 축구에 대한 열풍이 몰아쳤고, 국민을 하나로 응집시키는 결과를 만들었다. 그로 인해 과거 우리나라에 대한 적대적 감정도 많이 사라지고 이제는 한국을 사랑하고 고마운 마음을 표현하니 참으로 다행스럽다. 박항서 감독은 민간외교관이다. 베트남 국민에게 좋지 않았던 우리나라 이미지를 바꾸는 계기를 마련하고 따뜻한 국민이라는 이미지를 심어주었으니 전도사라 할 만하다. 이처럼 한 나라 국민 전체에게 나라의 이미지를 친근하고 거부감 없도록 만들어 놓은 사람은 많지 않다. 국가가 나서도 하지 못할 일을 스포츠 감독 한 사람이 이루어 냈다는 것은 참으로 위대하고 아름다운 일로 기억될 것이다.

이제 베트남 축구도 FIFA 월드컵 본선에 출전하기를 기대한다. 그 중심에 박항서 감독이 있었으면 좋겠고, 그러한 역사적 사건으로 말미암아 멀게만 느껴졌던 베트남이 더 가까운 우리의 이웃이 되고, 한국을 이해하고 사랑하는 베트남 국민이 늘어나 자유롭게 정치, 경제, 문화, 체육 등 다방면에 걸쳐 우의와 번영을 함께하는 동반자가 되었으면 좋겠다.

목욕관리사

탕湯안은 자욱한 물안개와 물을 끼얹을 때마다 낙수가 떨어지는 두-두-둑 거리는 소리로 가득하다. 대부분 사람은 혼자 목욕탕을 찾기에 목욕탕 안은 늘 조용하다. 탕 속에 몸을 감추고 천장을 올려다보면 맺혀있는 이슬방울이 마치 하늘에 별인 듯 천장을 빼곡히 메우고 있다. 요즘 목욕탕을 찾는 이들이 많지는 않다. 가정마다 샤워 시설이 좋아진 덕분에 대중목욕탕을 찾는 사람들이 줄고 있는 것이다. 나 또한, 간혹 목욕탕을 찾더라도 목욕관리사에게 때를 밀러 갈 때뿐이다. 목욕탕을 찾는 사람 중 대부분은 나와 같은 목적으로 찾아온다고 한다. 그런 만큼 목욕탕의 유지 자체가 그들의 능력에 따라 달라진다. 규모가 큰 목욕탕은 목욕관리사들에게 보증금 명목으로 많은 돈을 예치하도록 요구하지만, 목욕관리사가 목욕탕 운영을 좌지우지하는 곳도 적지 않다고 한다. 주객이 전도된듯하나 서로가 필요에 의한 묵시적 동업 형태가 바람직한 방향으로 간다면 그도 좋지 않으랴.

목욕관리사는 작은 체구에 말수도 적지만, 그곳에서는 인기스타에 버금간다. 그에게 때를 밀고자 변두리의 한적하고 허름한 목욕탕을 찾는 사람이 전체 고객의 반에 해당한다고 하니 그리 말하는 것도 무리는 아니다. 내가 이 목욕탕을 찾는 연유도 그들과 같다. 아침부터 저녁까지 손님들의 몸을 닦아주는 일이 피곤하고 어려운 직업일 것이다. 가끔 '나라면 이러한 직업을 가지고 손님들의 때를 밀어주는 일을 할 수 있을까'라는 생각을 해보곤 했다. 그러나 한결같은 대답은 '못할 거야'였다. 목욕관리사의 금전적인 수입만 놓고 보면 적은 금액은 아니다. 하루 평균 15명 정도에 1인당 18,000원씩 수고비를 받으면, 일당이 27만 원이 된다. 한 달에 약 800만 원, 물론 목욕탕 주인과 배분문제나 영업장 사용료가 있을 수 있겠지만 대부분 목욕탕에 보증금을 납부하거나 청소를 해주는 것으로 정산하기 때문에 그들의 연봉은 적어도 약 1억 원에 근접한 셈이다. 수입으로 보면, 어느 직업에도 뒤지지 않는다. 그런데도 사람들이 쉬이 직업으로 선택하기 꺼리는 연유는 선입견 때문이 아닐까?

우리는 직업을 가지고 사람을 평가하는 못된 버릇이 있다. 사무실에 앉아 펜을 잡고 근무하는 회사원이나 공무원, 선생님이라는 직업을 가진 사람들에게는 그런대로 예의를 갖추고 대하지만 그렇지 못한 사람은 깔보는 경향이 있다. 특히 사람들이 꺼리거나 싫어하는 걸 도와주는 직업에 대해서는 한 단계 내려다보며 시큰둥하게 대한다. 자기를 도와주는 사람이라도 돈을 주고 시킨다는 우월감에서 하대하는 경우가 많다. 사람을 직업으로만 평가하는 버릇은 오래된 관습인지도 모른다. 나는 어땠을까? 나를 도와주던 그 사람들에게 공손하고 편하게 대했을까? 혹시 갑의 위치에 있는 듯 상대를 대한 적은 없던가.

나의 옛 모습을 되돌아본다. 아마도 젊었을 때는 그런 생각과 행동을 보였을 수도 있으리라. 우쭐댄다고 누가 알아주랴. 하지만, 젊어서는 그 젊음이 영원하며 최고인 줄 알았으니 미성숙한 나의 모습이 한없이 부끄러워진다. '사람 위에 사람 없고 사람 아래 사람 없다'라는 말처럼 모든 사람은 평등하고 신분이나 직업으로 차별을 받는 시대는 지났다고 본다. 나의 삶과 행동을 돌아보며 앞으로 어떤 삶을 살아가는 것이 올바른 것인가를 차분하게 생각해 본다.

나는 벌거벗은 나신을 침대에 뉘고 목욕관리사의 지시에 따라 말을 잘 듣는 아이처럼 몸을 뒤척인다. 물기와 비누로 미끄러운 침대에서 떨어지지 않으려고 애를 쓰며 침대의 모서리를 쥐고 애쓰는 내가 그분보다 무엇이 우월할 수 있겠는가? 어렸을 적 누나가 나를 붙잡아 목덜미를 타월towel로 문질러 가며 목욕시켰듯 목욕관리사도 타월로 나의 몸 구석구석을 문지르며 내가 미처 떨쳐내지 못한 삶의 찌꺼기들을 털어낸다. 삶이 고달팠기 때문일까. 밀어도 국수가락처럼 달라붙어 길쭉한 때가 쉬지 않고 떨어진다. 그 모습이 쑥스럽기도 하고 창피하기도 한 노릇이지만, 그는 전혀 개의치 않고 손길에 정성을 다한다. 그에게 내 몸을 온전히 맡기고 있는 이 순간이 편안하고 여유롭다. 두 팔이 멀쩡한 사람이 자기 몸 하나 스스로 씻지 못한다는 핀잔을 들을 수 있겠지만 어쩌랴. 내 손이 닿지 않는 구석이 있다는 핑계로 나는 또다시 그를 찾을 것이다.

목욕관리사의 이마에 굵은 땀방울이 맺는다. 그분의 팔과 다리는 단단한 근육으로 마치 운동선수와 같다. 남자이지만, 뽀얀 얼굴은 자기 일에 만족하는 듯 편안하다. 누군가에게 도움도 주고, 돈도 벌 수 있으니 그가 흘리는 땀이 특별하게 느껴진다. 더불어 마음도 몸도 오늘은 최고 컨디션이다. 그 덕분에 더없이 개운한 기분으로 목욕탕 문을 나선다.

복숭아와 오해

폭염으로 숨도 쉬기 어려운 날씨이다. 시원한 냉음료만 연신 마셔대며 속을 달래는데 A에게 전화가 왔다. “보내준 복숭아가 반은 썩어서 왔다고 하네”. 순간 뭔가로 한 대 심하게 얻어맞은 듯 뒷머리를 두드렸다. “어! 그래. 알아볼게” 나는 더 말하지도 못하고 통화를 끊어버렸다. 순간 머릿속이 복잡해지고 많은 생각이 오갔다. 복숭아를 보낸 사람이 잘못한 것인지, 아니면 택배기사가 잘못 배달한 것인지 알 수 없었기 때문이다. 여름철에 복숭아를 택배로 보내는 일은 하루 이틀 안에 배달되지 않으면 날씨가 무덥고 습기가 많아 물러버리거나 속에서 썩어버리기 일쑤이기 때문이다. 복숭아 농사를 짓는 사람들의 가장 큰 고민은 보관이다. 복숭아를 맛있고 보기 좋게 수확을 한다고 해도 보관할 수 있는 기간이 일주일 정도이다. 다른 과일처럼 오랫동안 보관할 수 없어 판매가 부진할 경우 통조림을 만든다. 이웃과 나누어 먹는 것도 한계가 있기 때문이다. 겉이 멀쩡하다고 아까운 마음에 그대로 놓아두면 상자의 아랫부분은 여지없이 썩어버리는 게 복숭아다.

A에게 얼마 전 '햇사레' 상표가 붙은 복숭아를 보내주었다. 복숭아를 먹어본 A는 "달고 맛이 있어 귀한 분에게 선물로 보내려고 하는데 주문해 달라"고 부탁했다. 가격을 물어보아 며칠 전 살 때 금액인 4만 원을 알려주니 바로 계좌번호를 달라고 하여 과수 농사를 짓는 친구의 계좌를 보내주었다. A는 바로 복숭아값 8만 원을 입금했다며 맛있는 것으로 보내 달라고 신신당부도 했다. 과수 농사를 짓는 친구에게 자초지종을 설명하고 "크고 좋은 상품으로 보내 달라"고 부탁까지 했다. 그러자 친구는 대뜸 성질을 부리는 게 아닌가. 그는 "지금 복숭아 시세는 택배비를 포함해 한 상자에 5만 5천 원은 받아야 한다"라는 것이다. 그런데 두 상자에 8만 원만 보냈으니 3만 원이 손해라는 것이다. 땀 흘려 가꾼 농산물을 시세보다 싸게 사 먹고 싶은 생각은 전혀 없다. 그러나 시세

를 모른 탓에 벌어진 일인데 그것을 따지는 친구에게 순간 마음이 상했다. "야! 차액은 내가 물어줄 테니 복숭아나 잘 보내"라고 대뜸 소리를 지르자 친구도 당황한 모양이다. 친구를 도와주려다가 오히려 서로가 마음만 상했으니 씁쓸했던 참이다.

내 것이 아닌 다른 사람의 물건을 중간에서 중개한다는 것도 쉬운 일이 아니다. 사는 사람은 질 좋은 물건을 한 푼이라도 싸게 사기를 원하고, 파는 사람은 좋은 가격에 팔기를 원한다. 물건을 사서 파는 것이 업인 상인의 역할이라면 크게 마음 쓸 일도 아니다. 그러나 마음만 믿고 중간에 서서 거래를 도와주는 것이란 수수료는 고사하고 잘못하면 욕을 듣기 십상이다. 그렇기 때문에 이득도 없이 중간에서 다리를 놓아주며 거래를 돕는 일은 바보나 하는 일인지 모른다. 칠푼이처럼 평소 하지 않던 상거래를 이어준 대가를 혹독히 치르는 중이다. 아니 나의 섣부른 행동이 부른 결과에 화가 나기도 했다.

친구에게 자초지종을 이야기하고 택배회사에 연락하여 어떻게 생물인 복숭아가 썩어 배달된 것인지 알아봐 달라고 했다. 그리고 조금 후 친구는 전화로 "택배기사는 월요일에 배달 갔고, 집안에 아무도 없어 복숭아 상자를 집 문 앞에 놓아두고 왔다."라는 것이다. 그런데 복숭아를 받을 사람이 여행을 갔다가 목요일에 집으로 돌아왔고 복숭아는 3일 동안 40도에 육박하는 태양 빛을 받으며 외부에 노출되어 있었던 모양이다. 그러니 복숭아가 썩지 않고 어찌 버틸 수 있었으랴. 오히려 불볕더위가 기승을 부리는 날씨에 모두 썩지 않고 반만 썩었다는 사실이 신기할 따름이다. 친구의 말을 듣고 A에게 전화하여 택배기사가 배달한 것이 월요일이었고, 집을 며칠 비워 발생한 일이라는 것을 알려주었다. 그러자 A도 안도의 한숨을 쉬었다. A는 아들의 지도교수에게 선물로 보낸 복숭아가 반은 썩어서 배달되었다는 말을 듣고 무척 속상했을 듯하다. 선물이란 잘못하면 오히려 아니한 만 못하다. 교수님에게 보낸 선물이 모두 썩은 것만 왔다는 전화를 받았을 때 A의 아들은 쥐구멍이라도 있으면 숨고 싶었으리라. 나도 A의 전화를 받는 순간 등 쪽에서 식은땀이 흐르고 머리가 아득했는데 선물을 보낸 당사자는 어땠을까?

생각해 보니 복숭아를 받은 교수님이 참으로 가벼워 보였다. 적어도 선물을 보낸 제자에게는 보내준 복숭아 맛있게 잘 먹었다는 말부터 해야 옳지 않을까. 배달된 복숭아가 썩어있는 것이 집을 비운 탓이라는 걸 미처 몰랐다고 해도 그게 도리란 생각이다. 그런데 내가 늦게 받아 반이 썩어 아쉬웠다고 했다면, 서로 간에 오해나 불신은 생기지 않았을 것이다. 말이란 '아' 다르고 '어' 다르다고 했다. 어떻게 말을 하느냐에 따라 그 말 한마디에 상처받기도 하고 마음의 평안과 안도감을 느낄 수도 있다. 정성 어린 선물에 대한 배려가 없다면 누가 또 선물하려고 할까. 아마도 A의 아들은 그 교수에게 다시는 선물을 보내지 않을 것 같다. 보내서 고맙다는 인사보다 싫은 소리와 핀잔을 들을 것이라면 보내지 않는 편이 편하다고 느끼지 않을까. 오해받지 않고 산다는 것이 참 어려운 시절이다.

손자를 기다리며

아침에 정원으로 나가니 계절을 잃어버린 바람이 옷깃을 헤치며 밀려온다. 기분 좋은 서늘함이 아니라 춥다고 느껴질 한기寒氣이다. 뜨겁다고 난리를 치던 것이 불과 얼마 전인데 벌써 차가운 바람에 춥다고 보일러 온도를 올리고 있는 것을 보면 사람의 마음도 참으로 간사하다. 약간의 기온 차가 생겼을 뿐인데 마치 겨울이라도 온 것처럼 호들갑을 떨고 있는 것을 보면, 밤새도록 이슬을 맞으며 나무 아래 바짝 엎드려 있는 반려견 리치를 보기에 미안하다. 제 집이 있어도 마다하고 마당 구석을 굳세게 고집하고 있으니 억지로 끌어다 넣을 수도 없고 어쩌겠는가.

'리치'에게 아침을 주는 중에 전화벨이 울린다. 딸 은정이가 사이판에 무사히 도착했다는 안부 전화이다. 임신을 알고 태교 여행을 다녀온다기에 만류했는데 의사 선생님이 괜찮다고 하셨다니 반대할 구실을 잃었다. 몸이 가벼울 때 휴식 목적으로 다녀오는 것이라면, 무슨 걱정을 하겠는가. 아직 '행복이'(태명)는 어미 배 속에 제대로 자리를 잡았다고 보기엔 이르다. 엄마가 심하게 움직이는 것을 그대로 받아들이기도 쉽지 않을 수 있는 시기라 더 조심스럽다. 하지만, 걱정되어 만류해도 딸 녀석을 이길 수가 없다. 인천에서 4시간 넘게 비행기를 타고 가야 하는 만만치 않은 여정이기에 나의 불안함은 더했다. 딸은 걱정하지 말라고 희희낙락이다. 그리 입덧으로 고생했는데 그 고생했던 기억도 사라져 없는 모양이다. 어미가 즐거우면, 아이도 행복하지 않으랴. 제 어미의 말대로 멋진 태교 여행 되기를 바랄 뿐이다.

딸이 결혼하고 2년이 다 되도록 아이 소식이 없어 걱정이었다. 하지만, 특별히 손자나 손녀를 손꼽아 기다린 것은 아니다. 주변에서 결혼한 딸의 아기 소식이 궁금해 물을 때면, 나에게 힐책하는 것처럼 들려 기분이 좋지 않았다. 그런 시간이 반복되자 딸을 볼 때마다 은근히 "언제 할아버지가 되느냐?"고 묻곤 했었다. 딸의 대답은 늘 "조금만 기다려"였다.

딸이 "아빠 5주째래"라며 반가운 소식을 전한다. 얼마나 반가웠던지 손주가 태어날 날짜를 따져보며 설레는 마음을 감추지 못했다. 그게 엊그제 같은데 벌써 5개월이 다 되어간다. 속절없이 흐르는 시간이 아쉽기는 하지만, 입덧으로 고생했던 딸이 즐겁다고 하니 다행이다.

사람이 세상에 태어나 자기 종족을 낳아 기르며 번성하기를 기원하는 것은 동서고금을 막론하고 같을 것이다. 자기 대를 잇고 가정과 사회, 국가가 번성하기 위해 인간이 존재해야 한다. 그러나 요즘 세대는 아이를 낳는 것을 회피하는 경향이 있다. 물론 아이를 키우는데 소요되는 양육비와 교육 부담이 크고, 하늘 높은 줄 모르고 솟는 물가는 내 집 한 칸 마련하기도 힘든 것이 현실이다. 이런 어려운 여건을 극복하고 감당하기에는 혼자만 벌어서는 쉽지 않다. 부부가 함께 벌어도 노후를 걱정할 정도로 현재의 사회는 낙관적이지 않다. 각종 경제지표는 행복한 미래의 청사진보다 암울한 미래의 피폐한 구조적 문제를 진단한다. 이런 분위기는 내가 낳은 아이들이 살아갈 미래에 대한 불안감으로 다가온다. 요즘 세대가 출산을 어쩔 수 없이 선택해야 하는 이유인지 모른다.

이러한 사회 구조적 문제가 우리 기성세대들이 잘못된 사회를 만들어 물려주었기 때문은 아닌가 하는 반성도 해본다. 어려운 시기를 겪으며 다자녀가 오히려 생산성을 축내고 경제를 어렵게 할 것이라고 진단했다. 정부는 '아들딸 구별 말고 둘만 낳아 잘 기르자.'라는 구호에서 '둘도 많다.'라고 외칠 정도로 산아제한에 여념 없었다. 그것이 불과 30~40년 전이다. 그런데 지금은 인구절벽이라는 국가의 존폐를 걱정할 지경에 이르렀다. 과거의 잘못된 계산이 부메랑 되어 생존을 위협할 위기를 몰고 온 것이다. 또한, 신세대들은 아이를 낳지 않거나 하나만 낳아 기르고 나머지 시간에 자신의 생활을 즐기겠다는 생각이 늘어가고 있다.

나는 애국자는 못 되더라도 딸이 3명쯤 손주를 낳았으면 좋겠다. 아이를 많이 낳는다는 것은 국가를 위하는 일이기도 하지만 가정을 풍성하고 다복하게 만들기도 한다. 요즈음은 아이들이 많다고 하여 배를 곯거나 공부를 못하지 않는다. 조금만 노력하면 누구나 대학에 진학할 수 있을 만큼 사회적 구조가 변화했다. 그렇기에 젊은 세대들이 현재보다 조금 더 일찍 혼인하고 아이를 가질 기회를 늘려갔으면 좋겠다. 딸 은정이도 지금 나이가 적은 것은 아니지만, 요즘 결혼하는 세대의 나이를 고려하면 그나마 아직 희망이 있다. 아이들에게 새 생명을 불어넣어 주는 그 희망의 불꽃을 살려 우리 사회 전체에 시나브로 전파되길 기대한다.

며칠 있으면 딸 은정이가 태교 여행을 마치고 돌아올 것이다. 태교 여행길에서 사위와 좀 더 많은 아이를 가지자고 약속하고 왔으면 좋겠다. 손자가 세 명쯤 생기면 한 녀석쯤은 내가 길러주며 같이 놀아 줄 수 있을 테니까.

조카 주희는 두 명만 낳아도 기특하다고 하는 시대에 아들 다섯을 낳았다. 우리 사회에서 고마움을 표시하고 받들어야 할 사람 같다. 주희가 아들 다섯을 낳을 때만 해도 왜 저렇게 아이에게 욕심을 내지 하는 의아함이 들었다. "형제 없이 혼자 커서 외로웠다."라고 말하던 얼굴에서 많은 형제가 어울려 살아가는 가족을 아이들에게 만들어 주고 싶은 마음을 읽을 수 있었다. 어린 나이에 그런 대견한 생각을 어떻게 했을까? 참으로 영리하고 대견하다.

우리 사회도 줄어드는 인구문제를 어떻게 해결할 것인지 논의하고 대책 마련을 심각하게 고민할 시기가 되었다. 정부의 흔들리는 정책으로는 젊은 신세대들의 출산 의욕을 끌어내기 어렵다. 젊은 세대들에게 다자녀를 출산해도 행복하게 살아갈 수 있다는 확신을 주는 것이 필요하다. 단순 땜질식 처방이나 달콤한 유인책은 의미가 없다. 국민의 세금만 축내고, 젊은 부모들에게 혼란만 줄 뿐이다. 오늘은 유독 다섯 아들을 낳아 훌륭하게 키우며 엄마로서 당당하게 사는 주희가 보고 싶다.

말동무가 필요해

첫눈이 먹장구름을 지나 쏟아져 내린다. 첫눈은 땅 위를 뒤덮을 심산인지 거세다. 크기도 작은 것에서부터 동전 크기만 한 것들이 섞여 춤을 추듯 신이 났다. 이리저리 자리를 찾다 나뭇잎에도 걸터앉는다. 눈의 무게가 생각보다 힘겨웠던지 바람이 한 줄 불어오자 나뭇잎은 몸서리를 치며 차가운 눈을 털어버린다. 하늘을 올려다보니 금방 그칠 눈이 아니다. 첫눈을 기다리는 사람들은 신이 났겠지만 나는 걱정이 앞선다. 어머니를 뵈러 가기로 한 약속을 취소할까 하고 잠시 생각했으나 가지 않으면 어머니가 얼마나 상심을 크게 하실까를 생각하니, 마음의 갈등이 심해졌다. 아내는 다음에 가라고 한사코 만류한다. 그런데 달력 일정을 보니 오늘 가지 않으면 다음 날짜를 잡기까지 상당한 시일이 소요될 것 같아 출발하기로 마음을 굳혔다.

어머니는 한 달 전부터 수시로 전화하여 "언제 오냐?"하고 물으셨다. 나는 "곧 가겠다"고 답변했지만, 여의찮아 차일피일 미루기만 했다. 딸이 나에게 보고 싶다는 전화를 했다면 어땠을까. 아마 힘이 들어도 아니 약속을 파기하고라도 달려가지 않았을까. 나는 참으로 이기적으로 변하고 있나 보다. 자식에게 부모는 기다림의 대상이 되어서는 안 되어야 하는데 참으로 죄송스럽다. 평생 자식을 바라보며 기다리는 어머니의 마음을 진심으로 헤아려 본 적 있는지 곰곰 생각해 보니 고개를 들 수가 없다. "언제 올 거니?" 한 달 전 그날 전화기에서 울려오던 어머니의 목소리는 짧고 간결했다. "엄마 왜, 그러세요?"하고 내가 물어도 어머니는 한사코 와서 이야기하자고 하셨다. 내 머릿속에서는 별의별 생각이 꼬리를 물었다. 무엇이 마음에 안 드셔서 그런지를 생각해 내야 했다.

어머니가 시골집을 정리하고 대구로 가신 지 2년이 된다. 하지만, 아직도 어머니는 정착하지 못하시는 듯하다. 평생을 시골에서 사셨던 분에게 도시 생활은 시끄럽고 낯설 뿐이리라. 집 앞에 나가도 말동무를 해줄 만한 이웃도 보이지 않았을 것이다. 대문을 열고 나오면 문단속해야 하니 멀리 갈 수도 없었으리라. 어머니는 시골에 사시면서 대문을 잠그는 법이 없었다. 집은 언제나 동네 사람들이 마실 오는 시끌벅적한 사랑방이었다. 어울려 놀다가 점심도 드시고 저녁이 되어 집으로 돌아가셨다. 텃밭에는 고추며 깨, 고구마와 같은 곡식도 심으며 농사도 지으셨다. 어머니의 꽃밭은 계절 따라 금낭화를 시작으로 채송화, 봉숭아, 비비추, 해바라기 등 어디서 구해 오셨는지 온갖 꽃도 기르기도 하셨다. 꽃을 좋아하던 나는 어머니 꽃밭에서 꽃을 분양받아 가져다 심었다. 거름을 주고 길러 그런지 꽃대도 좋고 튼실하여 가져다 심으면 쉽게 정착했다. 아버지가 돌아가신 후 어머니는 혼자서 30년 동안 시골집을 지키며 꽃밭에 정성을 기울이던 분이다. 그렇게 자연과 벗 삼아 살던 분이 모든 것이 시멘트로 바뀌어 버린 공간에 계시니 얼마나 힘드셨을까. 자식으로서 죄송하고 가슴이 아프다. 나도 도시의 아파트가 답답하여 시골로 이사하였는데 평생 흙을 만지며 사셨던 분이 풀 한 포기 보기 힘든 도시에서 적응하기는 쉽지 않았을 것이다. 어쩌면 유배지라고 생각하셨을지도 모른다. 유배가 꼭 섬으로 가야만 하는 건 아니니까.

속리산휴게소를 지나 터널을 빠져나오자 차들이 거북이 운행을 시작한다. 계속하여 이어지는 내리막과 커브 길은 쌓인 눈으로 운전자들을 공포로 몰아넣었다. 반대 차선에는 벌써 차들이 부딪쳐 도로를 막고 있다. 도로 밖 설경은 한 폭의 수채화처럼 포근하고 아름다운데 운전대를 잡은 두 손은 경직되어 팔이 아프다. 어머니는 아들이 언제 오려나 하고 손꼽아 기다리실 것이 확실한데 도로가 막혀 진행 속도가 거북이걸음 수준이다. 하늘이 나의 바쁜 마음을 보고 사고가 날까 우려하여 미리 안전 운전 연습을 시키는 것 같다. 이왕지사 미끄러운 길을 벗어날 수 없으니 느긋하게 마음을 갖고 운전하니, 마음이 한결 편해진다. 평소보다 많이 늦었지만, 어머니가 계신 곳까지 아무 사고 없이 도착하니 긴장이 풀어진다. 누나가 이사한 지 얼마 되지 않아 초행길이었지만, 내비게이션 덕분에 무사히 찾을 수 있었다.

초인종을 누르자 묻지도 않고 대문을 열어준다. 내가 왔다고 생각한 모양이다. 집은 먼저 살던 집과 비슷한데 더 크고 견고하게 지어진 집 같다. 마당에는 감나무 한 그루가 있다. 안으로 들어가자 어머니는 이미 옷가지며 담요, 보따리를 싸놓고 외출 준비를 마친 중이다. "어머니 어디 가시려구요?"라고 묻자 "나 여기서 나갈란다."라고 하신다. 말씀하시는 것을 보니 이미 결심을 굳힌 듯하다. "누나가 밥을 안 해줘요?"라고 묻자 "딸년도 다 똑같다."라고 역정을 내신다. 무엇이 어머니를 이토록 화나게 했을까.

요즘 들어 어머니를 살펴보면 예전보다 더 욕도 잘하시고 말도 공격적이다.

나이가 들수록 '공격성 치매 증상'이 나타날 수 있다는 것이다. 연세가 들면 대부분 사람에게 인지능력이나 기억력이 떨어지는 것은 어쩔 수 없는 현실이다. 백세시대를 살아가는 현대인에게는 자의적으로 사고하고 표현하고 움직일 수 있는 것이 큰 행복이다. 누군들 치매를 앓고 싶은 이가 있겠는가. 누군들 가족의 얼굴을 몰라보고 눈동자만 깜빡거리며 침대에 누워 지내고 싶겠는가. 어머니는 93세임에도 혼자서 움직이고 생각하시고 역정을 내실 기운이 있다니 자식으로서 더없이 다행스럽고 감사할 뿐이다. 어머니의 건강하심은 자식에게 주는 큰 은혜요 행복임을 알면서도 자꾸만 같은 말을 되풀이한다고 짜증 내는 나를 발견하기도 한다. 아직도 효를 다하려면 멀었다는 반성과 각성을 한다.

어머니는 요즘 누나가 이사를 하는 바람에 평소 다니던 주간 보호시설을 옮기셨다. 그런데 새로 나가는 시설에는 어머니와 말동무할 사람이 없다는 것이다. 대부분 치매를 앓거나 건강 상태가 나빠 누워계시는 분들이 많고, 건강이 괜찮으신 분들도 TV 시청하기만 좋아하고 대화를 하지 않아 말 상대가 필요한 어머니가 싫증을 느낀 것이다. 어머니는 혼자 살겠다며 방을 얻어 달라고 하신다. 어머니가 방을 얻어 달라는 말을 할 때마다 나는 괴로워진다. 지금 연세가 몇인데 방을 얻어드리고 혼자 기거하도록 하겠는가. 자식이 일곱인데 그 자식들이 다 마음에 들지 않으신 듯 부쩍 방을 얻어 달라고 보채신다. 어느 자식에게 가도 오래 계시지 못했고, 도시에 사는 터라 마음에 드는 정착지도 없었을 게다. 모두가 직장에 다니므로 부모님을 모시는 일은 쉬운 일이 아니기에 고민이 되는 부분이고, 자식들은 죄송하고 가슴 아픈 일이 되어 간다.

어머니가 싸 놓은 짐들을 모두 차에 싣고 수안보로 달렸다. 내렸던 눈도 그치고 고속도로의 눈들도 빠르게 녹아 없어졌다. 수안보 작은 누나네 집으로 가도 어머니가 얼마나 계실지 알 수는 없다. 식당을 하는 누나는 어머니가 손님들에게 자꾸 말을 시키는 바람에 손님들이 불편해한다며 하소연이다. 어머니는 "사람에게 말도 못 하느냐"며 오히려 신경질을 부리신다. 그런 과정이 되풀이되니 작은누나네 가게에서도 오래 있지 못하셨던 것 같다. 어머니의 시선은 차창 밖으로 고정되어 있다. 당신은 지금 무슨 생각을 하실까. 큰누나는 어머니의 상태를 나에게 설명하려고 애쓴다. 가만히 듣고 계시던 어머니는 누나에게 "거짓말하지 말라"며 야단을 친다. 70살이 넘은 딸과 90살이 넘은 모녀지간에도 다 허물지 못한 경계가 서려 있다. 누구 편을 들 수도 없다. 그동안 어머니를 모셔왔던 누나도 힘들었을 게다. 어머니를 혼자 두고 마음대로 밖으로 나다니지도 못했을 테니까.

작은누나네 집에 모여 어머니가 계실만한 곳을 찾아보기로 했다. 수안보 근처에 시설이 좋고 건축한 지 얼마 되지 않은 양로원이 있다고 한다. 그곳에는 어머니와 비슷한 조건의 사람들이 있어 어머니의 말동무 상대가 있으리란 생각에 그곳에 가보기로 했다.

다음날 어머니는 양로원에 입소하셨다. 처음 가자마자 그곳에 계신 분들과 통성명을 하고 말을 트셨다고 좋아하신다. 자식들이 귀 기울여 들어 주지 못한 말동무를 그곳에 계신 분들과 어울리며 해결할 수 있어 다행이다. 어머니가 당분간 머물 곳을 찾았지만, 언제 마음이 바뀔지 몰라 다른 대비책을 준비해야 한다. 자꾸만 눈물이 흐른다. 평생 자식을 위해 고생하신 어머니가 떠돌이처럼 여기저기 갈 곳을 찾아 헤매는 현실이 서글프다. 어머니에게 진정으로 필요한 것은 말동무라는 걸 알게 되면서 그 죄책감이 나를 슬프게 한다. 오늘 밤에는 좋은 친구분들과 행복한 꿈을 꾸셨으면 좋겠다.

음악 찻집에서

오래된 레코드판이 벽면을 가득 채운 찻집에 들어섰다. 30년 전 유행하던 조용필의 '창밖의 여자'가 흘러나온다. 이 노래가 유행할 당시에는 조용필도 앳된 모습이었고 나 또한 청춘이었다. 오늘 반백 머리의 사람들이 모여 음악을 듣고 있다. '누가 사랑을 아름답다 했는가…. 누가 사랑을 아름답다 했는가….' 애절한 목소리와 멜로디가 중년 남성의 가슴을 풀어지게 한다.

창가엔 꼬마 전등불들이 꿈을 꾸듯 주렁주렁 줄지어 매달려있다. 가끔 전구들이 리듬을 타며 불비를 쏟듯 흘러내리고, 내 가슴엔 추억이 흐르고 음악도 흐른다. 저만치 어둠에 잠긴 무심천이 보인다. 그곳엔 바람을 안고 서걱거리는 겨울 갈대들이 천변을 메우고 일렁이리라. 피곤함에 지친 마음을 어루만지는 오래된 음악과 함께한 좋은 사람들이 있고, 그윽한 향을 풍기는 따뜻한 차가 있으니 더 이상의 무엇도 필요치 않다.

'다방茶房'이란 말이 정답게 다가온다. 차가 있는 다방이, 요즘에는 우리 정서에 낯선 음악과 함께 영어 간판을 달고 두 집 건너 하나꼴로 문을 연다. 나는 얼마 전 오래된 음악과 차가 있는 이곳을 발견한 뒤 자주 찾고 있다. 이곳을 찾는 이유 중 하나가 추억의 레코드판으로 음악을 들려주기 때문이다. 벽면을 가득 채운, 구시대의 유물이 된 레코드판들이 소중하다. 이곳에 오면 지나간 추억들이 저절로 떠올라 퍼즐 맞추듯 과거로의 여행하기에 시간 가는 줄 모르고 앉아 있다.

1980년 초에는 음악다방이 대세였다. 다방마다 DJ를 두고 손님 취향에 맞는 음악을 들려주었고, 연인들 데이트 장소로도 단연 음악다방이었다. 오래된 음악만큼이나 오래된 추억 한 조각이 떠오른다. 고등학교를 졸업하고 스무 살 무렵 잠시 상경해 있을 때였다. 그때는 커피 맛을 잘 몰랐다. 그처럼 인생도 쓸 수도 있다는 것 또한 모를 때였다. 커피 맛도 모르면서 우리는 청량리 로터리에 있는 한 음악다방을 아지트로 삼고 자주 갔다. 다방에 들어가면 제일 먼저 메모지를 한 움큼 집어 들고 구석진 곳에 자리를 잡고 앉았다. 제트기가 그렇게 빠를까. 앉기가 무섭게 어디선가 쏜살같이 달려온 종업원 아가씨가 물 잔을 탁 내려놓곤 턱을 까닥인다. 무슨 말이 필요하겠나. 무엇을 마실 건지 빨리 말하라는 제스처다. “커피 두 잔요”. 우리의 주문은 늘 똑같았다.

주문을 받고 아가씨가 사라지면, 메모지에 신청 곡을 끄적거린다. 나는 당시 유행하던 이글스Eagles의 ‘호텔 캘리포니아Hotel California’를 즐겨 적었다. 어두운 사막 고속도로에서 마리화나를 피운 여행객이 시야가 흐려지고 머리가 무거워 찾아간 호텔에서 흐릿한 환상 속에서 헤매며 상상의 나래를 펴는 이야기가 노랫말이다. 우리나라에서는 불법으로 간주하는 위험한 대마초를 피우고 헤매는 상태를 노래한 것인데 이런 노래를 즐겨 듣다니 생각해 보면 황당하기도 하다. 그러나 당시에는 노래에 담긴 뜻 같은 건 관심도 없었다. 단지 강한 비트 음악

형식의 리듬이 기타 소리와 함께 빠른 템포로 이어졌는데, 가슴을 쿵쿵 울리는 멜로디와 리듬감이 좋아 그냥 빠져 있었다.

그리 오래 기다리지 않아도, 아마 담배 한 개비 피울 정도의 시간이면 충분하지 싶다. 커피를 가져온 아가씨는 커피를 테이블에 놓고 사라진다. 커피 물은 채우다 만 것처럼 겨우 반 잔 정도이다. 손님을 살갑게 대하거나 반기는 기색은 없다. 정해진 메뉴얼대로 움직이는 기계라고나 할까. 북적이는 손님들이 자신을 피곤하게 만드는 사람쯤으로 여기는 것 같기도 했다.

노래 제목을 적은 메모지를 DJ에게 전해 달라고 부탁하고, 잔에 설탕 두 스푼spoon에 프림 두 스푼을 넣는다. 신기하게도 까만 커피가 마법처럼 하얀 줄무늬를 그리며 갈색으로 변해갔다. 달콤한 맛에 쓴맛이 풍기는 커피를 한 모금 입에 넣고 눈을 감으면 귓전에 울려 퍼지는 음악 소리가 나를 천상으로 인도할 것 같은 착각에 빠지게 했다. 수십 명의 말소리가 뒤섞여 시끄러운 공간이었음에도 내가 신청했던 노랫소리는 어찌 그리 잘도 들리던지, 다른 잡음과 섞이지 않고 내 귓속을 파고들었다는 것이 신기할 정도였다.

대학을 청주로 오면서 즐겨 찾는 단골 음악다방이 바뀌었다. 위치는 학교 맞은편 뒷길에 있는 건물 2층에 있었는데 그 다방엔 늘 손님이 뜸했다. 손님이 없는 곳이라서 나로선 오히려 좋았다. 혼자 음악을 듣거나 공부하기에 적당했기 때문이다. 나야 편하고 좋았지만, 주인장 입장에서는 속상했을 것이다. 어느 날 가보니 DJ가 그만두었는지 뮤직 박스 안에 사람은 없고 LP판 만이 벽면을 가득 채운 채 있었다. 손님이 점차 줄어들자 DJ도 내보내고 급기야 폐업할 지경에 이른 것이다.

어느 날 저녁, 다방주인이 보자고 하여 찾아갔다. "이제 가게를 폐업해야 한다"고 말하면서 "필요하면 LP판을 모두 주겠으니 가져가라"고 말한다. 한두 장이 아니라 수천 장은 될 것 같은 그 많은 LP판을 모두 가져가라니, 순간적으로 욕심이 났지만 가져간들 가난한 하숙생이었던 나로선 보관할 곳이 없었다. 하여 고맙지만 보관할 곳이 없다고 정중히 사양하고 내가 즐겨 듣던 것으로 30여 장만 골랐다.

그때 나는 보았다. 다방주인의 눈동자에 그렁그렁 눈물이 맺히더니 주룩 흘러내리는 것을…. 젊은 여성이 어렵게 번 돈을 투자하여 문을 연 음악다방을 폐업하려니 얼마나 가슴이 아팠겠는가. 타향에서 누군가의 작은 도움도 큰 은혜로 느껴졌던 시절이었는데 돌아보니 나는 뻔뻔한 사람이었다. 커피 한 잔 값

을 지급하고 죽치고 앉아 공간을 사용했다. 나에게는 편안한 안식처요 고향 누나 같았던 분이었는데, 무엇 하나 도와줄 수 없었던 상황이었다. 고개 숙여 작별 인사만 했던 안타까운 추억 속 과거이다. 하지만, 힘겨웠던 내 청춘에 추억의 한 페이지를 만들던 시절이었다.

'철이 없어 그땐 몰랐어요. 그 눈길이 무얼 말하는지….' 이은하의 겨울 장미가 애절하게 흘러나온다. 음악은 어쩌면 이렇게 사람의 마음을 꿰뚫어 대변해 줄까. 어려운 사람을 보아도 도움의 손길을 주지 못하던 당시 나의 처지를 말하는 것 같아 가슴이 시려온다. 그 누나는 어디서 어떻게 나이 들어가고 있을까. 소식이라도 듣고 싶다.

며칠째 계속되는 한파 속에 움츠러들었던 몸과 마음이 따뜻한 차 한 잔에 천천히 녹아든다. 반달은 차가운 나뭇가지에 걸려 하얗게 웃고, 가로등 불빛 사이로 나풀대며 눈송이가 춤을 춘다. 겨울밤이 음악 속으로 오는가. 음악이 겨울밤 속으로 가는가. 오래된 음악에 취해, 사람에 취해, 우린 또 하나의 추억을 만들며 그렇게 오래 앉아 있었다.

음악회에서 만난 아버지

장사익 가수가 '찔레꽃'을 열창한다. 노 가수의 깊은 음악 세계와 진심 어린 손짓 몸짓이 무대를 장악한다. 열정적이면서도 애절하고, 허스키하며 호소력 짙은 목소리가 청중을 사로잡는다. 흐느적거리는 슬픔으로 가슴을 가득 채워간다. 매력적인 목소리가 멜로디와 함께 나의 영혼까지 가수의 음악 세계로 견인한다.

하얀 모시옷에 하얀 고무신 신고, 희끗희끗한 머리카락을 가지런히 넘긴 단아한 노 가수의 모습이 슬픈 음악과 함께 나를 울컥하게 만든다. 많이 본 듯한 익숙한 저 모습, 그리운 저 모습, 내 아버지 모습과 흡사하다. 하얀 고무신을 신고 장에 가시던 아버지가 생각난다. 생전의 아버지가 저런 모습이셨다. 단아하셨지만 단단한 풍채風采와 짧지만 가지런히 넘긴 머리는 반백斑白으로 빛났다.

평소 아버지 고무신은 회색빛이었다. 논에서 일하다가 도랑물에 대충 흔들고 들어오시곤 하다 보니 아버지의 고무신은 늘 때가 묻어 있었다. 그런데 아버지 신발이 목욕하는 날이 있었으니 바로 오일장 전날이다. 장날 전날이면, 장에 가실 때 신고 가실 아버지 고무신을 닦아 놓는 일은 내 몫이었다. 나는 아버지의 고무신을 물에 담가 불린 뒤, 지푸라기를 뭉쳐 비누를 바른 다음 정성껏 문질러 닦곤 했다.

고무신을 닦노라면, 때가 조금씩 물속으로 흩어지며 풀어지곤 했다. 중간중간 헹구어 보면, 지푸라기 수세미가 지나간 빗살무늬 자국 사이로 뽀얀 고무신 속살이 보였다. 나는 고무신에 생긴 빗살이 없어지고 전체가 눈처럼 하얘질 때까지 헹구고 헹구었다. 그렇게 정성껏 닦아 봉당에 세워놓았다.

아침이면 하얀 고무신 속의 물기까지 말라 뽀송뽀송해졌다. 깨끗하게 변한 고무신이 햇살에 반짝거렸다. 하얀 고무신을 바라보는 내 마음도 덩달아 목욕한 듯 개운하고 뿌듯했다. "깨끗이 닦았구나." 무뚝뚝한 아버지가 하얀 고무신을 신으면서 기분이 좋으신지 미소지며 칭찬하셨다. 고무신을 신고 장에 가시는 아버지의 발걸음이 가벼워 보인다. 고무신과 아버지의 표정을 번갈아 보며 오늘은 분명 장에서 돌아오실 때 뭔가 좋은 것을 사 오실지도 모른다는 기대감으로 들뜨곤 했다.

해 질 무렵 동네로 들어서는 아버지가 보이자마자 달려갔다. 신작로가 좁은 듯 온 신작로를 장악하고 걸어오시는 걸 보니 오늘은 기분이 좋으신 날이다. 내 시선이 닿는 곳은 아버지의 손이었다. 무엇인가 한 보따리 들고 오신다. 그렇게 기분 좋게 한잔 걸치고 오시는 날은 우리 형제들의 선물을 사 오시는 날이다. 자식들에게 신겨줄 고무신 하나라도 사 오시는 날은 아버지 표정이 상기되셨고 목소리를 높이며 당당하셨다. 그러나 우리 선물이 없는 날은 좋아하는 막걸리도 안 드시고 조용히 오시곤 했다. 그날 보따리 안에 들어있던 내 선물은 검정 고무신이었다.

그날 밤은 아버지가 사 오신 검정 고무신을 가슴에 꼭 껴안고 잤다. 며칠은 고무신을 신지 않고 손에 들고 다녔다. 고무신은 놀이도구로도 충분했다. 놀이터에서는 고무신에 흙을 담아 자동차 놀이를 했다. 바다 위에 떠다니는 배를 본 적은 없으나, 사진이나 그림에서 보았던 배를 상상하며 고무신 배를 띄우기도 했다. 물길을 따라 내달려가는 고무신 배를 따라가면 그 끝에 무엇이 있을까. 둥둥 물살에 흔들리며 떠가는 고무신 배처럼 바다에서 큰 배를 타보고 싶다는 바람을 가지기도 했었다.

아버지가 들고 오신 보따리 속에는 선물이 없을 때가 더 많았다. 그럴 때마다 가난한 가장의 아픈 마음을 헤아리지 못하고 투정을 부리곤 했다. 옷과 운동화를 선물로 받던 다른 집 아이들과 비교하며 나 자신이 위축되어 시무룩하기도 했다. 한번은 추석이 다가올 무렵, 아버지를 따라 읍내로 장 구경을 간 적이 있었다. 세상에 존재하는 장사꾼들이 다 모여 있는 것처럼 사람들로 인산인해를 이루었다. 난생처음 보는 신기한 물건들이 산더미처럼 쌓여 있었다. 집안 형편을 알기에 그것들을 사달라고 조를 순 없었지만, 아버지를 따라 장 구경하는 것만으로도 신이 났었다. 그런 아버지와의 장 구경도 그리 오랫동안 해보지

못했다. 장에 아무 볼일도 없이 구경을 가는 것조차 쉽지 않았던 시절이다.

장사익의 애절한 노랫소리가 과거의 추억을 불러낸다. 흐느적거리는 음률처럼 무대 위에선 노 가수의 춤사위가 한 편의 슬로비디오slow video처럼 부드럽게 펼쳐진다. 그의 손끝을 따라가다 무대조명에 반짝이는 하얀 고무신에 시선이 닿는다. 하늘에 계실 아버지의 모습이 노 가수의 모습에 합쳐진다.

그 어느 하늘에 별이 되셨을 아버지를 30년의 세월이 흐른 지금 장사익 공연을 보면서 만난다. 빛나는 그의 고무신을 보니 아버지의 하얀 고무신을 다시 한번 깨끗하게 닦아 드리고 싶다. 내가 닦아 드린 고무신을 신고 장터로 향하는 모습을 보고 싶다. 목울대가 움직인다. 종일 동네 어귀에서 놀면서 아버지가 장에서 돌아오시기만을 고대하다 아버지를 보고 달려가던 시절이 그립다. 뜨거운 눈물이 흐른다. 아버지의 추억 하나를 꺼내 볼 수 있었던 날이었기에 감사하다.

곶감

영동에 들어서니 도로변 가로수에 붉은 감들이 소담스럽다. 가지마다 주렁주렁 매달린 감들이 가을 햇살에 탐스럽게 익어가고 있다. 심은 지 얼마 되지 않은 것 같은데도 감나무 가지마다 튼실한 감들이 매달렸다. 마치 어린아이가 철봉에 매달려 떨어지지 않으려고 애쓰는 모습만 같다. 강한 태풍이 몰아쳐 견디기 어려웠을 법도 한데 잘 견뎌냈다. 나무들이 뿌리째 뽑혀 나뒹굴기까지 하는데 꿋꿋하게 바람을 이겨냈으니 대견하기까지 하다.

가을 햇살에 익어가는 감을 보니 달콤한 맛이 생각나 입안 가득 침이 고인다. 마음 같아서는 하나 따서 베어 물고 싶지만, 주인을 알 수 없어 참았다. 노랗게 익은 감이 가로수로 거리를 지키고 있는 걸 보니 보기도 좋고 마음마저 풍요롭다. 일반적인 가로수는 큰 키에 나뭇잎만 무성한데 감나무는 붉게 단풍 든 잎새와 황금빛 윤기가 흐르는 토실토실한 감으로 눈과 마음을 함께 즐겁게 한다.

감이 귀하여 맘껏 먹지 못했던 시절도 있었다. 내 고향 감곡에는 감이 잘 자

라지 않았다. 감을 심어도 겨울에 모두 얼어 죽기 때문이다. 어린 시절 감을 먹었던 기억은 제사를 지내던 날 뿐이다. 제사 때 얻어먹을 수 있던 곶감은 기다란 대나무나 싸리나무 가지에 고치처럼 길게 끼워져 있었다. 하얀 분이 소복한 곶감은 다른 과일에 비하여 달고 쫀득해서 고급 과일로 여겼다. 어쩌면 입안에서 살살 녹던 그 맛은 과일이라기보다도 사탕 같았다. 하지만, 그 맛난 곶감도 다 같이 맛을 보아야 했기에 잘해야 한 개 아니면 반쪽을 겨우 먹을 수 있었다.

그나마 감을 얻어먹으면, 더없이 기분이 좋았다. 하루는 친구네 집에 놀러 갔는데 노란 과일 껍질 말린 것을 한 움큼 받았다. 처음 보는 낯선 것이었지만, 먹어보니 약간 떨떠름하며 달큼한 것이 먹을 만했다. 당시는 그것이 무엇인지를 몰랐다. 나중에 그것이 곶감을 만들기 위해 벗겨낸 껍질을 말린 것이라는 것을 알았다. 먹거리가 시원치 않았던 시절 껍질까지 말려 먹던 배고픈 세월이 우리에게 있었다.

감을 실컷 먹어본 건 결혼해서였다. 아내를 만난 후 처가에 가면 장모님은 가을에 따 놓은 홍시를 내놓으셨다. 겨울이 되면 항아리에서 금방 가져온 감은 돌덩이처럼 꽁꽁 얼어 굴러다닐 것처럼 딴딴했다. 차가운 감을 따뜻한 방안에 두고 시간이 지나면 두부처럼 부드러워 수저로 퍼먹기 좋게 녹았다. 차가운 홍시가 목구멍을 타고 내려갈 때의 그 달콤하고 시원한 맛은 한겨울이 되어도 그리워지는 맛이었다.

감나무잎이 모두 떨어지면, 감을 수확할 때다. 그때가 되면, 처가 감나무에 올라가 온종일 감을 땄던 기억이 있다. 완전히 홍시가 되기 전 단계의 감을 따지만, 일찍 홍시가 되어 버린 감도 더러 있다. 홍시를 입에 넣으면 부드럽고 달

달한 맛이 세상 어느 과일보다 맛이 있었다. 폭 익은 홍시가 떨어지며 나뭇가지에 부딪혀 그 파편이 얼굴 위로 쏟아지기도 했다. 그래도 저무는 해가 야속했다. 서둘러 따지 않으면 바닥에 떨어지는 감도 많아진다. 온종일 하늘만 보고 감을 따다 보면, 목이 제대로 움직이지 않는다.

홍시를 좋아했지만, 감을 따는 노동도 만만하지 않았다. 감을 따면서 농부들의 삶을 생각했었다. 가족을 부양하고자 나날을 이와 같은 육체노동에 시달리는 가장들을 생각했다. 그 가장들의 고초는 가늠하기 어렵다. 사무실에서 편하게 일할 수 있는 직장이 있다는 것에 새삼 고마움을 느꼈던 기억이 있다. 지금은 그 많던 감나무도, 감을 딸 시골 처가가 없다. 늘 그리움으로 남아있는 더부

실이 나에겐 젊은 날의 추억이 많았던 곳인데 쉽게 발걸음을 옮기지 못하고 있다. 홍시는 그리운 사람의 모습이며, 그리움이고 추억이다.

영동에 온 김에 재래시장에 들러 곶감을 만들 때 사용하는 곶감 꼬치를 샀다. 1개에 10개를 끼워 말릴 수 있는 도구이다. 예전에는 실에 꼭지를 매달아 말렸지만, 지금은 좌우로 균형을 맞추어 감을 걸어 둘 수 있다. 좁은 공간에서도 많이 말릴 수 있도록 고안되어 사용하기도 편리하다. 곶감용 감도 한 상자 샀다. 100개 정도가 들었다고 하니 열심히 깎아 매달아 놓으면 겨울 간식으로 충분하리라. 벌써 입안 가득 군침이 돈다.

집에 도착하기 무섭게 감부터 깎는다. 껍질만 해도 상자로 수북하다. 깎은 감을 꼬치에 걸어 줄에 건다. 45일 정도면 곶감이 된다. 아마도 12월 초면 달달한 곶감을 먹을 수 있으리라. 별것도 아닌 데 감을 깎아 놓고 보니 더없이 기분이 좋아진다. 사람이 느끼는 행복이란 큰 것이 아닌 것은 분명하다. 조금 힘들여 일했다고 이렇게 기분이 좋아지니 말이다.

아내가 귀가하여 “저 박스는 다 뭐예요?”라고 묻는다. “감 한 박스 사다가 곶감 만들려고 다 까서 걸어 놓았어”라고 내가 자랑스럽게 말했다. 당연히 칭찬을 들을 것으로 생각했는데 아내는 “아직도 냉장고에 곶감이 잔뜩 있는데 뭐하러 또 곶감을 만든다고 고생하느냐”고 말한다. 핀잔을 들으면서도 기분이 나쁘지 않다. 무엇인가 해 놓았다는 뿌듯함 때문인가 보다.

찬 바람 불면 걸어 놓은 감이 시나브로 건조될 것이다. 발갛게 맛이 밴 곶감 먹을 생각하니 아내의 핀잔마저 행복한 잔소리로 들린다.

이야기 다섯

중앙탑에 뜬 달

리치rich

퇴근하여 돌아오니 차고를 탑차 한 대가 가로막고 서 있다. 가족들도 모두 나와 웅성대고 있다. 빗줄기가 세차게 쏟아지는데 무슨 일이기에 모두 나와 비를 맞고 있을까. 순간 불안한 생각이 스친다. 손님이 왔다면, 집안으로 모셨을 것인데 비를 맞으며 모인 건 문제가 생겼음이리라. 차를 언덕 아래에 세우고 집으로 올라가자 골든 리트리버Golden Retriever 한 마리가 비를 맞은 채 친구와 함께 있는 것이 보였다.

가까이 다가가니 친구는 개를 받아달라고 사정하고, 아내는 난감하여 어쩔 줄을 모르고 있다. 친구는 "개가 탐이 나 데려오고 보니 덩치가 너무 커 아파트에선 기를 수 없어 주택인 여기에서 키우라"는 거다. 지금도 두 마리나 있는데 한 마리를 더 늘리는 것은 어렵다고 사양했다. 하지만 친구는 막무가내로 싣고 온 커다란 개집을 내려놓고 도망치듯 가버렸다. 난감하였다. 어쩌면 좋단 말인가. 지금 키우는 개들도 줄이고 싶었는데, 큰 견종犬種을 가져다 놓았으니.

그런데 이 녀석 좀 보게, 고민하는 내 속을 알기라도 하는 건가. 버려진 신세임에도 짖거나 낯설어하기는커녕 처음 만났는데 살갑게 다가와 꼬리 친다. 가족회의를 했지만 어떻게 처리할지 명확한 해답이 나오지 않는다. 개를 차라리 보내는 것이 좋겠단다. 하여 날이 밝으면 친구에게 다시 데려가라고 하는 것으로 결론 내렸다. 잘생긴 면만 놓고 보면 누구나 탐낼만하다. 하지만 단순히 욕심만으로 개를 들이면 안 된다는 걸 우리는 이미 경험했다. 얼마 전 진돗개를 분양받아 한동안 잘 적응하며 지냈다. 하루는 연로한 장모님이 먹이를 주러 가까이 다가가자 작은 진돗개가 좋아서 달려드는 바람에 장모님이 넘어지셨다. 장모님은 넘어지면서 손목뼈가 골절되었고, 어쩔 수 없이 진돗개를 다른 곳으로 입양을 보내야만 했다.

다음 날 아침 정원으로 나갔다. 낯선 곳에서 마주한 이놈이 가만히 엎드려 내 눈치를 살피고 있는 게 아닌가. 어제저녁에는 어두워서 잘 몰랐는데 아침에 보니 털이 황금색으로 기품 있고, 잘생긴 것이 은근히 욕심이 났다. 그러나 어쩌랴 이미 가족회의에서 결정된 것을. 친구에게 데려가라고 전하했다. 그런데 그 친구는 못 데려가겠다며 막무가내다. 진퇴양난이다. 다시 가족회의를 시작했다. 그냥 내다 버릴 수도 없고 어쩌면 좋을까. 그때, 임신하여 집에 와 있던 딸이 의견을 냈다. “암컷이니 불임수술을 해서 키우는 것이 좋겠

다.”라는 것이다. 임신한 딸은 우리 집을 찾아온 인연因緣을 그냥 내치는 것이 마음에 걸렸나 보다. 하여 이것도 인연이니 그렇게 하기로 했다. 그리고 이름은 ‘리치rich’로 부르기로 했다. 그것은 우리가 좀 더 부자富者가 될 수 있도록 행운을 가져왔다고 믿고 싶어서다.

건강을 체크하고자 리치를 데리고 가축병원에 갔다. 그런데 이게 웬일이란 말인가. 리치가 심장사상충心臟絲狀蟲에 걸려있어 치료받아야 한단다. 전 주인이 제대로 관리하며 예방약을 먹여야 했는데 이를 게을리한 것이다. 치료 기간은 6개월 정도가 소요되고 약과 주사 비용이 130만 원이란다. 답답한 것은, 약을 먹이며 치료해도 완치할 수 있다는 보장도 없단다. 예상하지 않은 지출이지만 알게 된 이상 그냥 둘 수는 없는지라 치료를 택하기로 했다. 리치가 우리 집을 찾아온 다음 날 약값 130만 원을 지불했다. 꾸준히 주사를 놓고 약을 먹이는 것도 보통 힘든 일이 아니었다.

그렇게 리치가 우리 가족이 된 후 몇 달이 흘렀다. 그런데 리치 행동반경 안에 있는 정원庭園이 엉망이 되었다. 건강이 나아지자 지나치게 뛰어 주변 나무들을 제 목줄로 감는가 하면 이파리들을 모조리 물어뜯어 나무가 수난을 당하고 있다. 또한, 그 자리에 분뇨糞尿하다 보니, 봄이 되자 마당 가득 강한 냄새가 스멀스멀 올라온다. 바위 밑에 자리를 잡고 화사한 꽃을 피웠던 난쟁이 철쭉은 가지가 모두 부러져 올해는 꽃을 보지 못할 것 같다.

이제는 오가는 사람들을 보면 컹컹 짖기도 한다. 밤늦도록 이웃집 개의 움직임이 보이면 짖기를 멈추지 않아 주변 사람들이 긴장하기도 하지만 몸 상태가 좋아지고 있음이다. 사람이나 짐승이나 자기 몸이 아프고 힘들면 무기력하고 움직이기도 싫어한다. 왕성하게 움직일 수 있다는 것은 그만큼 건강이 좋아졌다는 것을 의미하리라.

리치와 동거를 결정했을 때 부유해지기를 기원했지만, 오히려 경제적 부담을 안고 살고 있다. 먹는 사료비용이 우리 가족 쌀값보다 많이 든다. 정성을 들여 가꾸어 놓은 화단도 엉망이 됐다. 또한, 녀석 뒤를 열심히 쫓아다니며 마무리해야 한다. 부富라는 것은 원한다고 쌓이는 것도 아니건만, 리치를 받아들이며 그런 바람을 가졌던 자신을 돌아보며 웃는다.

아침이면 리치와 산책하러 나간다. 놀러 온 꿩을 잡겠다고 쫓아다니는 모습을 보니 잘 견뎌줘 고맙다는 생각이 들었다. 살고 죽는 것 또한 하늘의 이치이지만 대견해 보인다. 요즘 나는 경제적 부와 비교할 수 없는 새로운 정에 빠지고 말았다. 바람이 솔솔 불어온다. 하얗게 벚꽃잎이 쏟아져 꽃비가 내린다. 꽃비 속으로 뛰어가는 리치 모습이 아름답다.

잔디와 제초제

정원의 잔디가 군데군데 누렇게 죽어 있다. 한창 새싹이 올라와 연녹색으로 자리를 잡았어야 했는데 일순간 편리함을 찾으려다가 정원을 망쳐버렸다. 매일 아침 정원으로 나오면 화사한 꽃들 속에서 누렇게 변해 누워있는 잔디의 모습은 지쳐버린 내 영혼 같다. 연녹색 잎새를 곧추세우고 지난해 살다간 흔적을 모두 덮어 버려야 할 시점인데 정원은 마치 폭격을 맞은 운동장처럼 군데군데 잔디가 말라버려 맨땅이 그대로 드러나 버렸다. 어느 곳은 둥글게, 어느 곳은 길게, 뭉텅뭉텅 새싹이 올라오지 않은 흔적들은 나에겐 수치요 아픔이 되어 갔다. 지금까지는 잘 정돈된 정원으로 말미암아 뭇사람들에게 멋있다는 찬사를 들어왔는데 이제는 "저거 왜 이래?"라는 의문부호와 함께 전후 사정을 설명해야 하는 입장에서는 부끄러운 자기반성이다.

겨울바람이 지나쳐 간 정원에 봄맞이가 한창일 때였다. 이웃 형님이 정원을 관리하는 비결을 전수해 주었다. 봄이 되면 여기저기 우후죽순처럼 잔디를 헤집고 삐져나오는 잡초를 가장 편하게 제거하는 방법은 제초제를 뿌리는 것이란다. 하여 자신은 지금까지 편하게 정원을 관리할 수 있었고, 잡초가 나오는 것도 별로 없기 때문에 항상 정원이 깨끗하다는 것을 강조했다.

확인되지 않은 호기심은 항상 문제를 일으킨다. 정원에 심겨진 잔디 면적을 어림잡아 100평 정도로 환산하여 농약사에서 제초제를 샀다. 뒷면 사용량을 보니 한 봉투를 가지면 200평 정도를 사용할 수 있다고 적혀있었다. 한 봉투라야 라면 봉지 2개 정도밖에 되어 보이지 않았고, 봉지 속을 보아도 입자로 들어있는 양이 그다지 많아 보이지도 않았다. 약간의 바람이 불었지만 바람은 무시하고 봉투를 뜯었다. 봉투 속에는 1mm도 되지 않을 작은 입자의 분말 형태 제초제가 들어있었다. 한 줌을 들어 지난해 풀이 많이 자랐던 부분에 뿌렸다. 뿌려진 알갱이는 어디에 뿌려졌는지 보이지도 않는다. 화단 밑 잔디 위에 주로 뿌리면서 이 작은 알갱이를 뿌려서 잡초가 죽지 않고 다시 삐져나오면 어쩌나 하는 걱정이 더 깊어졌다. 한 움큼씩 집어서 알뜰하게 살피며 화단 경계 주변으로 뿌리고 나서 조금 남은 것 같아 여기저기 잔디 위에 모두 털어 내듯 뿌려 두었다. 200평 분량의 제초제를 100평도 되지 않을 면적에 뿌렸으니 기준치보다 2배는 더 뿌린 셈이다. 제초제를 뿌린 후 마음이 흐뭇해졌다. 뿌리라는 양보다 2배를 더 뿌렸으니 올해는 잡초를 뽑느라고 고생을 덜 해도 되겠다는 안도감이 행복하게 했다.

10여 년을 살면서 힘이 들어도 잡초를 모두 골라 손으로 뽑았기 때문에 그나마 친환경 잔디 위에서 건강하게 살아왔다고 자부했었다. 장마가 시작되면 질척해진 흙을 비집고 올라오는 잡초의 생존능력이나 번식력은 언제나 두려움의 대상이었다. 특히 잔디 위로 우후죽순처럼 삐져나오는 제비꽃, 망초, 좀명아주, 민들레, 괭이밥, 냉이 등은 쉴새 없이 고개를 내밀었다. 잠시 제대로 살피지 않으면 수일 내에 꽃이 피고 씨방을 터뜨리거나 무릎높이로 키를 키워내며 다음 세대로 이어갈 방법을 강구했다. 눈에 띌 때마다 앉아 뽑아주어도 돌아서면 다시 솟아나는 질긴 생명력 때문에 씨방을 터뜨리지 못하도록 시기도 잘 맞추어서 제거해야 하는데 사람이 잡초와 씨름하면서 이길 재간은 거의 없어 보였다.

그렇게 제초제를 뿌려 두고 시간이 흐르면서 잔디도 빠르게 고개를 내밀었다. 그런데 예년과 다르게 군데군데 부스럼을 앓아 머리가 빠진 것처럼 잔디밭 곳곳에 지난해의 누런 잔디의 죽은 흔적만 깊어지고 새싹이 나오려는 기미가 보이지 않는 거다. 그때만 해도 조금 늦을지도 모른다는 생각에 열심히 물만 뿌려 주었다. 모든 식물도 마찬가지로 비슷한 장소나 환경에서는 특별히 웃자라거나 퇴보하여 같은 종끼리의 차이가 별로 나지 않는 법이다. 다른 잔디가 이미 많이 자랐는데 잔디가 자라지 않고 있다면 고사했을 가능성이 큰 것이다. 지난해 누런 잔디의 흔적을 들춰내고 속을 파보니 잔디가 올라오려는 기미도 포착되지 않았다. 그제야 나는 내가 무슨 잘못을 저질렀는지 인식할 수 있었다. 잔디가 독한 제초제로 인하여 죽어버린 것이다. 제초제가 어떤 존재인가. 수백 년 묵은 느티나무도 일순간에 죽일 수 있는 어마 무시한 농약이 아니던가. 그 위험천만한 제초제의 독성을 무시하고 조금 정도는 뿌려도 되겠지 하는 안일한 자만심이 화를 키운 것이다. 제초제는 한번 뿌리면 비가 많이 내려 모두 쓸어가지 않는 한 토양 속에 축척될 수 있다. 물론 뿌렸던 제초제는 판매하는 설명대로라면 잔디에는 전혀 해가 없고, 잡초만 제거하는 것이라고 했다. 하지만 그것은 판매하시는 분의 이론적인 이야기이고 현실적으로 잔디에게는 무해하며 완전히 잡초만 제거하는 만능은 없다. 양을 어떻게 조절해서 사용하느냐의 문제도 있고, 살포 방법도 있을 것이다. 그럼에도 나 혼자의 얄팍한 상식으로 대충하면 되겠지 하는 안일한 생각으로 편안함을 추구하기 위해 요령을 피우려다 된서리를 맞은 것이다.

오늘도 나는 수도에 연결한 호스를 들고 잔디에 물을 뿌리고 있다. 건조해진 날씨가 가뭄으로 이어져 생육이 늦어지고 잔디가 뻗어나가지 못한다. 남아있던 모래를 퍼다 잔디가 죽은 곳에 뿌리고 흠뻑 물을 주면서 금년엔 잔디가 죽어 허해진 곳까지 뻗어나가 맨땅을 덮어주기를 고대하고 있다. 경험하지 못하고 타인의 조언을 통하여 결단을 내리는 것은 쉬운 일이 아니다. 직접 경험해보지 못한 것이라면 한 사람의 조언에 따라 일을 벌일 것이 아니라 주변에 더 많은 사람들의 조언을 구하여 어느 방향으로 나아가야 실수가 없을지도 점검해 볼 필요가 있는 것이다.

앞집 형에게 "제초제 뿌렸다가 잔디가 다 죽었다"고 푸념하자 그 형이 하는 말 "제대로 뿌려야지"라고 한다. 아! 정답이다. 제대로 하지 못한 내 잘못이다.

망초대 하얀 꽃을 자르며

봄바람이 헤픈 웃음을 쏟아 내며 살랑인다. 긴 겨울잠에 머리가 가려웠던 망초도 얼어붙었던 대지를 뚫고 고개를 내밀었다. 햇살도 봄기운을 즐기는지 촉촉한 자외선을 뿜어내고, 딱따구리는 나무둥치에 부리를 대고 열애 중이다. 매일 아침 리치와 산책 다니며 바라보던 묵은 논에도 망초가 빼곡하다. 매년 여름이 되면, 하얀 망초꽃이 바람에 춤을 추며 파도를 타던 곳이다. 일렁이는 꽃물결은 거칠지 않을 정도로 부드럽게 율동을 이어갔다. 내 어깨만큼이나 자란 망초가 큰 키를 자랑하듯 흔들릴 때마다 하얀 향기가 쏟아져 나오는 것 같았다.

이 논에는 망초 대신 개구리가 살았다. 모내기가 끝나면 밤새도록 개구리는 소리를 질러대며 우리 동네 '예담촌'을 노래했다. 산자락에 걸린 상현달이 꾸벅대고, 밤이 이슥하여 이슬이 내릴 때까지 쉬지 않고 목청을 자랑했다. 저렇게 소리 지르면 내일은 어쩌지 하는 노파심에 괜스레 걱정도 했었다. 그러나 논 주인이 돌아가신 후 개구리는 모두 어디론가 떠나고 없었다. 봄이 되면 물을 퍼 나르던 수도관도 잘려져 먼지만 풀풀 내쉬고, 주먹만 한 웅덩이도 바짝 말라 힘센 물풀만 어정댔다. 웅덩이 터줏대감 노릇 하던 메기도 기세 좋던 붕어도 저항 한 번 하지 못하고 긴 주둥이 끝에 매달려 하늘 한번 쳐다보고 두루미의 피와 살이 되어 사라져 버렸다. 그렇게 척박하고 푸석거렸던 자리에 망초들이 몰려들기 시작하더니 몇 년 새 논바닥 전부를 잠식하였다.

망초꽃이 흐드러져 보기는 좋았지만 조금 아깝다는 생각이 들었다. 무엇을 심으면 품을 많이 들이지 않고 수확할 수 있을까를 고민하다 심어만 놓으면 정신없이 자란다는 호박을 생각해 냈다. 호박을 심자. 심어만 놓으면 가을에 거두어들이기만 하면 된다. 호박 농사는 처음인 어설픈 농부는 회심의 미소를 지었다. 호박모만 심어두면 금방 주렁주렁 호박이 열릴 것으로 믿었다. 호박 모종 150개를 구해놓고 길게 종아리만큼 자란 망초를 괭이를 이용하여 파내기 시작했다. 겨우 자리를 잡고 살았던 망초가 일순간 괭이의 날카로운 날에 잘려 뒤로 뒹굴었다. 내 머릿속에는 온통 논을 모두 뒤덮은 호박만이 아른댔다. 호박 농사를 지어도 호박을 먹을 것도 아니면서 왜 호박 농사에 마음이 빼앗겼는지도 모르겠다. 쉽고 편하게 농사지어 이웃에게 호박을 선물할 수 있겠다는 호기가 충동질했는지 모른다.

네 개의 긴 골을 만들고 150개의 호박을 모두 심었다. 흘러내리는 땀방울이 눈가로 스며들어 따가울 정도로 열심히 땅을 파고 모종을 심었다. 논바닥 가득 길게 심은 호박의 어린 새싹을 보니 마음이 흐뭇하다. 무엇을 심어 이런 흐뭇함을 맛본단 말인가.

매일 아침 호박이 크는 모습을 관찰하는 것은 기분 좋은 하루의 시작이 되었다. 그런데 일주일 정도 지나자 논바닥이 말라 갈라지는 게다. 비닐도 씌우지 않아 그대로 노출된 논은 태양의 열기에 자꾸만 몸을 감싸 안으려 깊은 골을 만들어내고 있었다. 물조리개를 가져다가 쉴 새 없이 물을 퍼 날랐지만, 스펀지같이 바짝 마른 논바닥은 호박 모종의 뿌리에 닿기도 전에 모두 흡수해 버렸다. 그렇다고 그 넓은 논바닥에 물조리개를 가지고 물을 퍼부을 수도 없는 일이어서 다리만 후들거렸다. 내가 생각했던 것과는 완전 반대였다. 논이기에 심어만 놓으면 뿌리가 마르지 않을 것이라 여겼건만 현실은 정반대의 결과를 보였다. 좀 더 깊이 생각하고 관찰하지 못한 체 단순하게 생각하여 결정한 것이 몸만 더 힘들게 했다.

호박 모종을 가져다 심은 지 한 달이 지났어도 호박이 크질 않았다. 거름기가 많아야 한다는데 푸석거리는 논바닥에서 얻을 수 있는 영양분이 없었는지 한 달 전이나 크게 다르지 않다. 복합비료와 가축 퇴비를 사다가 다시 뿌려 주었다. 그러자 조금씩 크는 모양새다. 줄기가 조금씩 커졌고, 꽃도 핀다. 거름을 주었더니 이번에는 풀도 왕성하다. 누가 더 빨리 클 것인지 걱정이다. 풀을 이기지 못하면 호박은 또 풀에 가려 도태될 수 있다. 벌써 허리까지 자란 망초가 하얀 꽃을 피우기 시작했다. 하얀 꽃송이를 터트린 망초의 부드러운 미소가 눈부시다. 잠시 고민에 빠졌다. 그냥 둘까 자를까. 그냥 두자니 호박이 더 크지 않을 것 같고, 망초를 잘라내자니 하얀 꽃송이가 애처롭다.

올해는 호박을 심었으니 호박에 '올인'하자는 생각으로 낫을 들고 왔다. 호박이 자리를 잡을 수 있도록 논바닥 전부에 서 있는 망초를 향하여 날카로운 낫을 휘두르기 시작했다. 낫이 지나갈 때마다 애처롭게 쓰러지는 망초의 원망이 쏟아져 내리듯 내 얼굴에 꽃송이가 떨어진다. 아무 향기가 없다. 화사하고 하얀 꽃송이가 지천이어도 망초꽃에서는 향기가 나지 않았다. 이상하게 망초꽃이 흐드러져 바람에 일렁이고 있어도 벌과 나비가 날아와 꿀을 따는 것을 보지 못했다. 향기가 없어서인지 벌과 나비가 가져갈 꿀이 없어서인지 모르지만 내 낫에 쓰러진 망초는 그렇게 아픈 허리를 부여잡고 논바닥에 나뒹굴었다.

지금 망초가 쓰러진 위로 호박넝쿨이 제 세상 만난 듯 전진이다. 다른 사람들이 심은 호박에 비해 너무 왜소하고 늦었지만, 망초를 희생하여 심었으니 더 많은 호박이 주렁주렁 열렸으면 좋겠다. 마디 호박은 손바닥만 하게 호박을 매달기 시작했다. 더 커져야 하는데 덩굴이 작고 볼품없어 크지 못할까 마음이 쓰인다. 관심을 가지고 좋은 거름과 영양분을 공급해 주고 보살펴야 크고 좋은 열매를 맺는 것인데 조금 소홀했더니 쉽게 자랄 것 같은 채소도 성장 한계점에서 생육을 포기한 듯 성장을 멈추어 버린 듯 왜소하다. 세상 모든 것들이 다 그러하지 않은가. 아이들도 부모의 사랑과 관심이 집중되고 잘 보살핌을 받을 때 곧고 튼튼하게 성장해 가는 것처럼.

단호박과 맷돌 호박은 다 자라 노랗게 늙어갈 때까지 기다려보고 싶다. 적어도 한 포기에 한 개씩만 열려도 100개는 되지 않겠는가. 나는 혼자서 미소 지으며 호박을 이웃에게 나누어 줄 꿈에 부풀어 있다. 그 많은 호박을 내가 둘러메고 시장에 가지고 가서 팔 것도 아니니 필요한 사람들에게 나누어 줄 것이다. 필요한 사람들이 소문 듣고 찾아와 호박 하나씩이라도 들고 가기를 고대하며 호박이 자라갈 길을 따라 힘차게 잡초를 베어간다. 둥근 호박들이 주렁주렁 황금빛을 뿜으며 논바닥을 가득 채우기를 마음속으로 빌어본다. 빗방울처럼 굵게 흘러내리는 땀방울이 노동의 신성함을 일깨워주는 아침이다.

매미의 노래

그날 밤, 무심천변에 '오래된 음악 찻집'을 향하여 페달을 밟았다. 어둠이 짙게 드리운 무심천에 간간이 가로등 불빛만이 주변을 밝혔다. 봄날 밤에 지나던 그 무심천변이 맞는가 싶다. 벚꽃이 만발할 때는 가로등 불빛에 꽃잎이 반사되어 짙은 이파리까지 화사하고 찬란했다. 같은 가로등 불빛이 같은 벚나무를 여전히 비추고 있지만, 벚꽃이 없는 무심천변은 어둡기만 하다. 한낮의 찜통 같던 더위가 조금 사그라들기는 했지만, 아직도 밖의 온도가 후덥지근하고 끈적끈적해서 그런지 오고 가는 사람도 별로 없다. 하기야 폭염으로 달구어졌던 열기를 야외에서 돗자리를 펴고 식히기에는 무리라는 생각이다.

찻집 문을 열려고 하는데 무언가 바닥에 시커멓고 작은 물체가 보였다. 배가 뒤집혀 있었지만, 그것은 분명 매미였다. '어디서 놀다가 이 밤에 다른 곳도 아닌 사람들이 드나드는 출입구에 쓰러져 있니. 위험하게….' 하면서 그 녀석 배를 손가락으로 간질여 보았다. 그러자 잔뜩 움츠리고 미동도 하지 않던 녀석이 갑자기 "매앰~"하고 큰 소리를 내며 울어대기 시작하는 거였다. 죽지는 않았구나 하고 다행스럽게 생각하며 녀석을 들고 찻집으로 들어갔다.

몇 번을 더 녀석의 배를 간질여 보았다. 배에 있는 오톨도톨한 주름이 마치 빨래판처럼 가지런하게 홈이 파진 모양으로 배열되어 토도독 거린다. 갑옷을 입은 전사의 몸을 만지는 느낌이 어쩌면 이럴지도 모르겠다. 밋밋한 것보다는 주름지고 딱딱한 배의 감촉이 좋다. 그런데 녀석의 배를 간질이면 간질일수록 무엇이 서러운지 점점 더 크게 울어댄다. 인간의 손에 잡혀 잘못하면 죽을지도 모른다는 위기감에서 질러대는 소리 같다. 길게 "매~애 앰~" 한번 울고, 짧게 "맴맴" 하고 템포를 바꿔가며 울어대는 소리가 처절하다. 왜 아니겠는가. 7년이라는 인고의 세월을 보내고 태어나 겨우 7일간의 짧은 생 중에서 이제 얼마 남지 않은 생애를 다 누리지도 못하고 죽을지도 모르니 말이다.

죽음에 대한 두려움은 매미나 사람이나 마찬가지다. 만약 우리가 죽을 날을 알고 있다면 하루하루 살아가는 날이 고통스럽고 두려울 것이다. 다행스럽게도 인간은 언제 죽을지에 대하여 알지 못한다. 그 알지 못하는 것이 축복일 수도 있다. 개중에는 죽을 날짜를 정해 놓으면 그에 맞추어 삶을 살다가 마지막에 자신의 뒤를 돌아보면서 다하지 못한 것들을 기록하고 자식들에게 유언이라도 할 수 있으니 좋은 것이 아니냐고 반문할지도 모른다. 그러나 나는 내가 죽는 날을 특정해 놓고 산다면 도래할 그 날을 생각하며 큰 공포 속에서 몸서리치며 살 것 같다. 하여 나는 내 생의 마지막 시간을 알고 싶지 않다.

매미를 가져다가 찻집 나무 위에 올려놓았다. 나무에 발이 닿자 다짜고짜 높이 오르기 시작한다. 본능적으로 높이 올라가야 살 수 있다고 생각했나 보다. 잰걸음으로 올라가 내 손이 닿지 않을 만큼 높이 올라가 버렸다. 매미가 살겠다고 나무 위로 올라가자 어린 시절 매미를 잡던 생각이 떠오른다.

어린 시절에 우리 집은 미루나무와 포플러나무가 빙 둘러 울타리를 이루고 있었다. 그 정도로 미루나무와 포플러나무가 많았다. 여름방학이 시작되고 뜨거운 태양이 작열하는 8월이면 그늘에 앉아 있어도 숨쉬기조차 힘들었다. 뜨거워진 대지의 열기는 누렁이의 콧구멍에서 뿜어져 나오는 열기만큼이나 싫었다. 그럴 때마다 나는 미루나무 위로 올라가곤 했다. 물론 튼튼한 미루나무 가지를 골라 자리를 잡고 걸터앉아야 한다. 불어오는 바람에 이파리들이 작은 부채를 부치듯 팔랑거렸다. 세상에서 그곳보다 더 시원한 곳이 없었다.

"맴맴~" 쉬지 않고 나무에서 열심히 울어대던 매미들이 내가 나무를 타고 올라가면 어떻게 알았는지 울음을 그치고 가느다란 나뭇가지 쪽으로 기어간다. 그러다가 내 얼굴에 오줌을 '찍!' 싸고 날아가 버린다. 그러잖아도 더운 날씨에 짜증이 나 있는데 매미까지도 나를 우롱한다고 생각이 들어 매미를 잡을 궁리를 했다. 매미를 맨손으로 잡으려면 나무를 타고 높게 올라가야 하는데 매미도 그렇게 호락호락하지 않아 쉽게 잡을 수도 없다. 이럴 때 나는 거미줄이나 밀가루를 이용했다.

긴 대나무 끝부분에 소코뚜레처럼 둥근 나뭇가지를 묶고 둥근 면은 거미줄을 찾아 걷어다 입히면 끈끈한 거미줄 매미채가 완성된다. 그 매미채를 가지고 매미가 앉아 있는 등 쪽으로 갖다 대면 깜짝 놀란 매미가 날아가려고 하다가 거미줄 채에 붙잡혀 꼼짝하지 못한다. 하지만 이런 매미채는 시간과 노력이 필요하여 자주 쓰지 않았다. 대신 간편한 방법으로 밀가루를 사용했다. 밀가루에 물을 부어 개면 끈끈한 껌처럼 풀기가 생기는데 이를 긴 장대 끝에 구술 크기만큼 붙여 매미의 날개에 갖다 대서 잡는 방법이다. 나는 이 방법이 편했지만, 어머니가 싫어하셔서 몰래 하곤 했는데 들키면 혼쭐이 난다. 먹을 밀가루도 없는데 매미를 잡는다고 귀한 밀가루를 한 바가지씩 퍼다 버렸으니 왜 아니 혼나겠는가.

그 시절 매미를 잡으면 가지고 놀다가 뒷다리에 실을 묶어 나무에 잡아 매두기도 했다. 그런데 이것이 매미를 죽음으로 몰고 갈 수 있다는 것을 그때는 몰랐다. 멀리 날지 못하는 매미는 나뭇가지에서 이슬을 먹고 살다 새의 먹잇감으로 생을 마감한다는 걸 나중에야 알게 되었다. 결국, 내 손에 잡힌 매미는 한여름 온전한 생을 노래하며 천수를 다한 것이 아니라 잡힌 순간부터 곧 죽을 운명이 되었던 것이다. '무심코 던진 돌멩이에 개구리는 맞아 죽는다'는 말처럼 나는 장난으로 매미를 잡아 다리를 실로 묶어 두었지만, 매미에게는 태어난 생을 다 살지 못하고 생을 마감하는 비운을 맞이했으니 어쩌면 좋단 말인가.

매미는 7년이라는 긴 세월 동안 나무뿌리의 즙으로 연명하며 네 번의 탈피와 천적을 피해 한밤중에 우화羽化하여 겨우 세상에 나오는 것이다. 매미는 사람에게 피해를 주지 않으며, 집을 짓지 않고 이슬만 먹고 살다가 여름 내내 사람들에게 노랫소리를 들려주다가 떠나간다. 매미가 부르는 노래는 자신의 짝을 부르는 간절함이 담긴 사랑의 세레나데라고 한다. 하지만 사람들은 노래를 부른다고 생각하니 인간들을 즐겁게 해주다 가는 것이 분명하다.

찻집 실내에 세워져 있던 나무 위에 얹어 놓은 매미 소리가 이 안에 있는 사람들에게 희망의 노래로 들렸으면 좋겠다. 세계정세도 그렇고, 사람들이 살아가는 현재 삶도 너무 팍팍해서 모두 어깨가 축 늘어져 있으니까. 그런 사람들에게 잠시나마 기쁨을 주고 떠난다면 7년간 생존했던 의미 하나쯤 남겨두고 가는 것이지 않을까. 철모르던 시절 내가 행했던 미안한 마음을 담아 이왕지사 염치없는 부탁을 해본다.

소풍

산과 들이 꽃 대궐이다. 연분홍빛 진달래가 피기 시작하며 하얀 싸리꽃이 산허리를 둘렀고, 복사꽃도 질세라 경쟁하듯 꽃망울을 부풀리고 있다. 생동하는 봄기운으로 새 생명을 잉태해 내려는 자연의 경이로움이 시작된 것이다. 어디를 바라보아도 새초롬한 새싹이 고운 햇살 받으며 거친 장막을 비집고 나오듯 일어선다. 연초록의 여리디 연한 촉수가 나오는가 싶더니 벌써 제법 웃자라기까지 한 것도 보인다. 시샘하는 바람을 피하려고 하는 것일까. 게으르지 않고 서두르는 모양새가 촌음寸陰을 다투기라도 할 듯 거침없다.

이렇게 아름다운 계절에는 소풍 가기에 알맞다. 바람도 세지 않고 온도도 무덥지 않은 20℃로 적당하니 최적의 조건이다. 간단하게 도시락 하나 둘러메고 커피 한 잔 마실 수 있는 조건만 되면 어디를 가도 행복할 것이다. 그런데도 왜 잠시 산야를 찾아 소풍 한 번 제대로 떠나지 못하고 살았을까. 뒤돌아보니 시간이 없었다는 것은 핑계요, 마음이 다른 곳에 팔려있었나 보다. 사진을 한다는 핑계로 30년 가까운 세월을 혼자 다 써버렸다. 가족과 같이 소풍 한 번 제대로 다니지 못하고 아이들마저 훌쩍 자라 이제는 각자 자신의 세상을 만들며 살아간다. 그러다 보니 아이들과 같이 소풍 갈 처지도 되지 못하고, 가족 소풍을 선호하지도 않는다. 좀 더 아이들이 어렸을 때 많은 시간을 같이해야 했고, 도시락이라도 싸 들고 소풍을 다녀와야 했는데 그 작은 것조차 실천하지 못하고 아이들이 모두 성장해 버린 것이다. 그래서 아이들과 같이 한 추억이 많지 않다. 아빠인 내가 해주어야 할 것을 하지 못하고 살았다. 아이들과 아내에게 그런 소원했던 부분들이 매우 미안하다. 얼마나 원했을까? 말로 표현하지 않는다고 마음에 없지는 않았을 것인데 내가 너무 무심했던 까닭에 그 마음을 읽지 못한 것이다. 부모와 자식이 함께하며 쌓아가는 추억은 영원히 가슴속에 남아, 어렵고 힘들 때 이를 들여다보며 위안 삼고 용기를 얻어 힘을 갖게 되는 원천임에도 이를 실천하지 못한 건 이기심에 사로잡힌 욕심 때문일 것이다.

나도 어린 시절 소풍으로 마음의 상처를 받았던 적이 있지 않았던가. 초등학교 다니던 5월 소풍 가던 날이었다. 소풍 가려면 도시락을 가지고 가야 했는데 새벽에 일을 나가시던 어머니는 도시락을 싸 놓지 않고 일을 가셨다. 아마도 어머니가 소풍 간다는 것을 잊어버리셨거나 도시락을 쌀만 한 재료가 없었는지 모르겠다. 도시락이 없으니 소풍 간들 친구들 밥 먹는 모습 구경만 할 것 같아서 강변으로 나갔다. 소풍 가는 거머리 뒷산으로 가려면 청미천淸美川을 따라 내려와야 하기에 강변에서 놀다 보면 소풍을 오는 친구들을 볼 수 있었다. 모래사장에서 신발로 자동차를 만들어 놀고 있을 때 줄을 지어 소풍을 오던 친구들을 보았다. 친구들이 가까이 왔음에도 차마 친구들을 불러 세우지 못하고 풀숲에 숨어 아이들이 노래하며 지나가는 것을 보기만 했다. 도시락을 싸지 못하여 소풍을 가지 못한 사실을 친구들이 안다면 더 창피를 당할 것처럼 생각되어

서다. 어린 나에게는 너무나 아픈 기억이 되었다. 그날 이후 나는 소풍 가는 날이 다가오면 어머니를 귀찮게 해서라도 김말이 도시락이라도 싸달라고 하였다. 그럼 어머니는 김 한 장에 달걀과 장아찌를 넣어 둘둘 말은 김말이 도시락을 싸주었다. 모양이야 보기에 별로였지만 김말이 하나 손에 들고 베어 먹으면 그 도시락이 최고라고 여겼었다. 먹는 것 자체가 힘들었던 그 시절에는 밥 한 그릇 먹을 수 있다는 것만으로도 마음이 포근하고 따뜻했다.

아이들과 같이 소풍 갈 기회가 있을까를 생각해 본다. 서로 떨어져 살면서 쉽게 만나기 어려운 현실이 되어버려 큰마음을 먹지 않으면 쉬운 일도 아니다. 뒤돌아보면 아이들이 어렸을 때 한번 가족여행으로 중국을 함께 갔던 적이 있었는데 그 이후에는 가족여행을 떠났던 적이 거의 없는 것 같다. 아직도 주변에서는 일 년에 한 번 정도는 가족들과 같이 여행을 떠난다는 사람들이 있다. 그런데 나는 왜 여행도 아닌 소풍 한 번 제대로 가지 못했는지 한숨이 난다. 나에게 가족보다 더 우선시 되었던 것들이 왜 있었을까. 취미가 무엇인데 가족보다 우선하여 내 인생길에 놓여있었나를 생각해 보면 답을 내놓을 것도 없다. 다분히 혼자서 하고 싶은 대로 하고 다니며 가정을 등한시했다는 것이 정답이리라. 지난 세월을 지금에 와서 돌이킬 수 없으니 어쩌랴. 지금부터라도 가족에 관심 두고 함께 시간을 보내는 일을 소중하게 생각해야 할 것 같다. 이제 손녀 서윤이도 태어났으니 없는 시간이라도 더 쪼개 함께하는 시간을 많이 가질 수 있도록 해야겠다. 그리고 시간을 만들어 가족들이 함께 가까운 공원이라도 도시락 하나 준비하여 소풍을 떠나는 여유를 갖고 살아야겠다. 사는데 정신이 너무 팔려 여유로움을 되돌아보지 못하고 살아온 시간도 너무 아쉽다. 행복이 무엇인가? 가족들이 모여 마음의 근심과 걱정 모두 털어놓고 웃을 수 있으면 참다운 행복이 아니겠는가.

이제 아이들과 같이 시간을 만들어 함께하는 날들을 많이 만들어야겠다. 이제 서윤이도 무럭무럭 자랄 것이고, 우리 집에 놀러 온다면, 삼대가 같이 소풍 가는 날도 멀지 않아 다가올 것이다. 서윤이와 같이 소풍 가기 위해 도시락을 준비하는 행복한 시간이 기다려진다.

중앙탑에 뜬 달

유유히 흐르는 강물 위로 보트 한 척이 달려간다. 거칠 것이 없다는 듯 질주하는 보트의 속력은 생각보다 빠르다. 두 명의 선수가 노를 젓고 있는데 지친 기색이 없다. 더블 스컬(double sculls) 경기선수 같다. 충주에 인공호수가 만들어지면서 자연스럽게 물을 가둘 수 있고, 조정(Rowing) 경기에 알맞도록 직선 코스가 2km가 넘는다. 바람이 없으면 잔잔한 거울을 보는 것 같이 유속의 흐름이 완만하여 천혜의 경기장으로 주목받는 충주국제조정경기장은 중앙탑의 웅장한 모습을 바라보며 경기를 할 수 있는 매력적인 곳이다.

국보 제6호로 지정된 '충주 탑평리 7층 석탑'은 통일신라시대의 돌탑으로 규모가 크고, 지리적으로 한반도의 중앙부에 자리해 중앙탑中央塔이라고 한다. 몇 번이나 이곳을 지나칠 때면 보름달을 넣어 사진을 촬영하면 어떨까를 고민해 보았다. 야경의 모습도 기대가 되었고, 보름달이 상공에서 빛날 때의 모습도 궁금했다. 더군다나 중앙탑은 천년의 세월 동안 텅 빈 벌판에 강물 소리를 벗하여 이 땅을 지켜온 파수꾼이 아닌가.

정월 보름날 중앙탑을 향해 내달렸다. 낮에만 보았던 중앙탑의 야경을 보기 위해서다. 호수 너머 '임페리얼 레이크 컨트리클럽' 위로 보름달이 떠 오르면, 금방 중앙탑 상공에 보름달이 걸릴 것으로 생각되었기 때문이다. 1시간을 달려 도착한 공원은 아무런 소리가 없다. 한낮에 재잘거렸을 아이들의 함성도, 연인들의 발걸음 소리도, 서녘으로 넘어간 해를 따라 모두 자취를 감추었다. 아직 희미한 빛이 공원에 가득 퍼져 사물을 분간할 수 있음에도 인기척은 없다. 한적한 이곳의 어둠보다 아직은 쌀쌀한 저녁 공기가 부담스러웠나 보다. 나는 아무도 없는 공원이 시끄러운 사람들의 함성으로 혼란스러운 것보다 좋다. 차분하게 집중하여 몰입할 수 있어서다. 한적하다는 것은 외로움일 수 있고, 허전할 수 있지만 가끔은 아무도 없는 텅 빈 도시가 그리워질 때도 있다. 시끄러운 기계음과 문명의 소리보다 땅에서 진동으로 느껴지는 자연의 소리와 바람 그리고 풀벌레 소리가 가슴을 요동치게 하기 때문이다. 지금 이곳이 그렇다. 인위적인 소리음이 제거된 곳에서 들리는 것이라고는 바람에 출렁이며 찰싹대는 물소리뿐이다. 이렇게 한적하고 고즈넉한 초저녁의 분위기를 언제 느껴보았던가. 도시에 살면 동경憧憬은 있되 쉽게 느낄 기회를 얻기 어렵다. 현실 세상에서 작은 기계음까지 배제하고 살기는 어렵다. 오지奧地를 찾아간다면 몰라도 현실 세계에서 섬이나 산중이라 해도 인간의 문명이 만들어 놓은 부산물副産物이 우리가 숨 쉬고 살아가는 공기만큼이나 세밀하게 퍼져있기 때문이다.

어둠이 안개처럼 몰려든다. 크고 작은 나무에 검은 옷을 입혀댄다. 매일 같이 반복되는 일상이라 마다하지 않고 기꺼이 순응하나 보다. 어떠한 항의나 반항하는 소리도 들리지 않는다. 오롯이 밤이 내준 어둠의 코트를 두르고 내일을

준비한다. 여기저기에서 가로등이 아쉬움을 달래듯 작은 불빛을 만들어낸다. 누군가로부터 어둠을 쫓아내 주고 싶은가 보다.

어둠이 공원을 점령하자 동쪽 하늘에 보름달이 떠올랐다. 커다란 보름달은 산등선을 지나 호수에 다다른 후 세수한다. 흘러가는 강물에 한참이나 얼굴을 담그고 나와 그런지 화색和色이 돈다. 강물이 차가워서 쌀쌀할 만도 한데 추워하는 기색도 없다. 누군가에게 민낯을 드러내지 않으려는 여인네 마음 같아 보인다. 사랑하는 사람을 위해 깨끗이 닦고, 화장하는 여인의 마음처럼 세상 사람들에게 화사한 얼굴을 보여주고 싶은가보다. 세수를 끝낸 달이 중앙탑 위로 올라왔다. 나도 서둘러 서쪽에 카메라를 설치했다. 어둠 속에서 달빛과 야간조명에 휩싸인 중앙탑의 탑신의 기단부가 천년의 세월을 드러낸다. 낮에 볼 때와는 확연히 다르다. 낮에는 회색 돌탑에 지나지 않았던 모습이 전혀 새로운 형태의 모습으로 나타났다. 탑신塔身의 옥개석屋蓋石과 옥개석 사이에 명암이 드리워져 어두웠지만, 옥개석에 비치는 밝은 조명과 하늘에서 뿜어내는 보름달의 부드러운 월광月光이 중앙탑의 품격을 한층 높여준다. 사물의 품격은 민낯을 모두 보여줄 때보다 조금은 감추고 일부만 보여주는 것이 더 기품있게 보일 때도 있다. 사람도 그렇지 않겠는가. 자신의 모든 것을 공개하고 나면 사람마다 평가가 달라지겠지만, 신비감은 떨어질 수밖에 없다. 조금은 비밀스러운 부분이 남아있어야 매력이 있고, 비밀스러운 부분을 알고 싶어 하는 과정에서 관심도 생긴다. 모든 것을 다 보여준 사람에게서 신비스러움을 찾으려고 하는 사람은 없을 것이다. 조금은 비밀을 남겨두어야 하는 것처럼 사물에 대한 이미지도 별반 다르지 않을 것 같다.

구도를 잡고 중앙탑 상륜부相輪部에 보름달이 놓이면서 쉴 새 없이 카메라 셔터를 눌렀다. 카메라 파인더finder에 몰입하고 있을 때 중앙탑 상륜부에 걸린 달님은 편안한 모습으로 나를 본다. 내가 하는 행동에 궁금증이라도 발동한 것일까. 아니면 내가 자신을 보고 있는 것이 부끄러워서일까. 바라보던 모습을 들키지 않으려는 듯 잠시 구름 속으로 숨어버렸다. 숨어도 희미한 광채는 어쩌지 못한다. 오히려 숨어버린 희미한 윤곽이 셔터를 누르게 한다. 그렇게 중앙탑을 사이에 두고 밀당을 하다 보니 달님도 흥미를 잃었는지 가던 길을 재촉한다.

보름달에 비친 중앙탑이 화려하지는 않았지만 고고한 달빛의 부드러움과 조명의 세심함으로 기품이 돋보였다. 사람으로 치면 과묵하면서도 내공內工이 충만한 인품의 소유자라 할만하다. 외롭게 강을 벗하며 서 있지만, 이곳에 서 있어야 할 이유를 알기에 의연하리라. 침묵으로 지켜낸 세월이 얼마던가. 앞으로 얼마나 더 많은 세월을 이곳을 지키며 서 있어야 하는지 알 수는 없겠지만 이 나라 이 강토가 존재하는 날까지 우국충정憂國衷情의 마음으로 버텨주지 않을까. 아쉬운 마음을 뒤로하고 카메라를 접는다. 오랫동안 이곳을 촬영해 왔던 것처럼 나도 이 세상에 존재하는 한 더 많은 사진을 촬영하여 중앙탑의 역사를 기록하고 싶어진다. 존재한다는 것만으로도 감사해야 하는 이유 같다. 다시 길을 재촉한다. 앞서가는 보름달의 환한 월광을 길잡이 삼아….

봄을 기다리며

지인으로부터 사진 한 장이 배달되었다. 화면을 가득 채운 통도사 홍매 사진이다. 작가는 욕심을 냈는지 카메라 파인더 전부를 홍매로 메웠다. 모나지 않게 용케 화면을 풍성하게 만들었다. 오늘 아침 중부지방은 영하 10℃로 수은주가 내려가 한파주의보가 내린 상태다. 그런데도 통도사 홍매는 대부분 꽃망울을 터트렸다. 분홍빛 꽃들이 묵은 가지를 뒤덮어 백여 년 세월을 감싸 안아 화사하다. 이곳이 영하 10℃라면 통도사도 제법 추위가 매서울 텐데 통도사 홍매는 이런 추위쯤은 아랑곳하지 않고 꿋꿋하게 봄을 알리는 전령사로 본분을 잊지 않고 있다.

우리 집 마당의 봄은 복수초福壽草가 제일 먼저 알려준다. 복수초는 눈이 쌓여도 그 눈을 녹이면서 피어나는 겨울에 피는 꽃이라 할 정도로 생명력이 강하며 부지런하다. 꽃잎과 꽃술이 오목렌즈처럼 되어 있어 꽃잎으로 많은 햇살을 받아들이는 구조다. 꽃잎에 반사된 빛은 작은 꽃술이 거울 역할을 하여 빛을 모아 열기를 간직한다. 얼마나 과학적이고 생존 본능이 뛰어난가를 알 수 있

다. 향기를 뿜어낼 수 없어 벌을 유혹할 수는 없다. 그래도 추운 계절에 꽃잎 안쪽을 따뜻한 열기로 채우는 덕분에 벌들이 추위를 피하고자 날아와 쉬는 과정을 반복하면서 자연스럽게 수정受精을 돕는다. 복수초의 생존을 위한 지혜도 엿볼 수 있다. 복수초는 은둔자隱遁者다. 노란 꽃망울을 부풀려 희망을 주고 어느 순간 흔적도 없이 사라진다. 복수초의 생태를 알지 못하는 사람들은 복수초가 죽었다고 생각할지 모른다. 그러나 흔적이 없다가도 봄이 되면 다시 차가운 동토凍土를 밀치고 고개를 들어 꽃을 피운다. 그래서 복수초의 꽃말이 '영원한 추억' 또는 '슬픈 추억'이라고 하는지 모른다.

복수초가 지고 나면 집 뒤꼍에 걸터앉은 청매가 새초롬한 새색시처럼 꽃잎을 퍼덕이며 피어난다. 꽃잎의 색에 따라 하얀색이면 백매白梅요, 붉으면 홍매紅梅요 푸른색이면 청매靑梅라 칭하는데 우리 집 매실은 청매다. 꽃이 지고 나면 알밤만큼 커다란 매실이 주렁주렁 달리기도 하지만 매실을 수확하는 기쁨보다 청초하게 피어난 꽃과 향기가 너무나 향기로워 꽃이 필 때를 나는 더 좋아한다. 자그마한 미풍微風이 불어도 창문을 통하여 거실로 밀려드는 향기는 세상 어느 향기도 부러울 것이 없다. 활짝 핀 매화를 몇 송이 따다가 녹차 잔에 띄워 놓고 차를 마시면 향긋한 차향과 어우러진 달콤하고 그윽한 매화향이 천상天上의 향기가 되어 몸의 피로를 풀어준다. 옛 선조들이 매화를 사군자四君子의 첫째로 꼽았던 이유도 엄동설한의 한기寒氣를 이겨내고 이른 계절에 아름답고 향기로운 꽃송이를 피워 기분을 맑게 해주었기 때문이 아니었을까. 그래서 고결한 인품을 지닌 사람을 매화에 비유하는 듯하다.

매화 향기가 가실 때쯤 개나리, 미선나무, 진달래가 경합이다. 한적한 울타리를 지키며 피어나는 개나리나 미선나무의 꽃들은 그다지 존재감을 드러내지 못하고 피어나지만, 진달래만큼은 아니다. 산자락에서 수십 년 계절을 맞이했던 경험 때문인지 도도滔滔한 여성처럼 커다란 얼굴을 분홍빛으로 화장하듯 부풀린다. 부드럽고 매끈한 꽃잎은 자꾸만 매만지고 싶은 충동을 불러일으킨다. 속눈썹을 닮은 꽃술은 어찌나 크고 도드라졌는지 당당한 여장부의 모습이다. 어린 시절 진달래를 '창꽃'이라 불렀다. 봄이 오면 산자락 여기저기에 지천으로 피어나던 꽃이었지만 문둥이가 무서워 함부로 따먹기 어려웠던 꽃이다. 창꽃 근처에는 문둥이가 지키고 있다고 들어서다. 너무나 흔했기에 오히려 귀한 대접을 받지 못했고, 아무 곳에서나 볼 수 있었기에 친근한 꽃이 되었다. 절절한 사랑의 대명사였던 영변의 약산 진달래꽃은 언제나 읊조리는 사랑의 노래가 되어 처연하고 애달픈 심정을 말해 준다. 임을 떠나보내는 이의 사랑의 헌화獻花이자 간장肝腸을 녹일 듯 애절함에 임을 떠나보내는 이별의 상징처럼 생각되기도 했다.

너무나 아픈 사랑의 열기는 쉽게 가라앉지 않는다. 그만큼 감정을 흔들어 놓았고, 정신을 지배했기 때문이리라. 이런 계절에는 목련꽃만 한 시원함을 갖춘

꽃도 없으리라. 아지랑이 한줄기 피어오르면 흐릿한 추억을 끌어모으듯 하얀 목련木蓮은 하품하듯 피어난다. 파란 하늘을 배경 삼아 너풀대는 춤사위는 지치고 허물어진 정신을 곧추세우고, 아팠던 가슴의 응어리도 풀어 내리라. 착 달라붙는 그리고 눈에도 잘 보이지 않을 정도의 소소함이 아니라 넉넉하고 여유로운 몸짓이다. 그래서 목련은 고귀한 공주 같은 꽃이다.

온 세상에 환희처럼 봄이 내리면 마음은 구름에 떠가듯 기분이 맑아지고 활기가 찾아온다. 그런데도 늘 바쁘다는 핑계로 단련을 게을리한 몸은 오늘도 무겁게 늘어진다. 시간이 흐르면 흐를수록 챙겨야 할 건강이건만 바쁘다는 핑계에 밀려 늘 건강 돌보기는 뒷전이 되어버렸다. 그러다 보니 벌써 몸 여기저기서 빨간불이 깜박인다. 나중에 늦으면 후회할지도 모르는데 말이다. 이상 신호가 감지되면 쉽게 헤어나기 어려운 육신의 병이 도지기 전에 어두운 겨울을 밀어내고 내 몸속에 봄을 영입하는 것처럼 관리해야 할 계절이다. 봄은 모든 만물을 풍요롭고 살찌게 하는 기운을 가지고 있으니 서둘러 내 육신을 말끔하게 정리할 준비를 마쳐야겠다. 나이 들어 생기는 자질구레한 병치레와 쓸모없는 파편을 모아 내던지는 계절로. 그래서 환희처럼 다가올 봄을 영접할 준비를 하고 싶다. 곧 봄은 오겠지. 그 연초록 파스텔 같은 봄이 기다려진다.

봉정사 영산암

비가 흐느적거리며 내린 다음 날 찾은 봉정사 영산암은 고요하기만 하다. 일요일이라 방문객이 많을 법도 한데 이른 시간이라 그런지 이상하리만큼 사람의 발자국 소리도 들리지 않았다. 아무도 없는 텅 빈 영산암을 혼자 차지한다는 것은 복 받은 일이다. 이런 큰 횡재를 언제 해보았던가. 평소에 큰 공덕을 쌓기 전에는 불가능할 것 같은 행운이 따라온 것이다.

툇마루에 걸터앉아 하늘을 보니 파란 하늘에 흰 구름이 평화롭게 하늘을 유영游泳한다. 니만큼이나 한가롭다. 살아오면서 앞만 보고 뛰다 보니 잠시 여유를 가지고 뒤를 돌아본 적이 별로 없다. 내가 하지 않아도 일할 사람은 많고, 세상은 아무런 흔적도 남기지 않고 잘 돌아가고 있다는 것을 예전에는 왜 몰랐던 것일까. 내가 직접 처리해야만 직성이 풀리고 안심이 되었기 때문에 힘이 들어도 누구의 손을 빌리기보다 직접 처리하려고 애썼다. 그런 고집스러움 때문에 늘 시간에 쫓기고 일에 파묻혀 살았다. 그런 회안으로 자꾸만 속에서 솟아오르는 부화가 가슴을 두드린다. 둥둥 북소리가 날 것 같다. 힘차게 법고法鼓

를 두드리는 스님의 손놀림처럼 더 심장의 울림이 커져 간다. 이런 산사山寺라도 경건한 마음으로 찾아왔었더라면 하는 늦은 후회가 눈가에 눈물을 글썽이게 했다.

혼자인 줄 알았는데 스님이 안에 계셨나 보다. 객客이 주인인 양 허세를 부리고 앉아 있었다는 죄스러움이 두 손을 모으게 한다. 편한 옷차림으로 나오셨던 스님도 툇마루에 제집처럼 편안하게 걸터앉은 처사處士를 보고 당황하셨는지 합장하시더니 이내 다시 방 안으로 들어가신다. 아마도 객이 누리고 있는 이 평화로움과 산사의 고즈넉한 분위기를 깨고 싶지 않았을 것이다.

영산암靈山庵 출입문인 우화루雨花樓 밑을 지나면 한옥의 아름다움을 한껏 표현하며 건축된 ㅁ자 모양으로 건축물들이 들어서 있다. 작은 마당에는 한쪽 귀퉁이를 할애하여 만든 화단과 건물에 비하여 큰 암석 위에 자리한 소나무가 있다. 소나무 가지는 송암당松巖堂 하늘을 모두 가릴 정도로 자라 내부가 옹색해 보여도 건물의 멋들어진 배치가 인상적이다. 마당에는 작은 석등이 앙증스럽게 서 있다. 오랜 세월 암자庵子와 함께했을 것이다. 부드러운 화강석을 다듬어 동서남북 구멍을 내고 머리에는 갓을 올려놓았다. 단아하고 우아한 것이 기품이 서려 있다. 석등은 이 암자의 세월만큼이나 세상의 희로애락을 보고 있었을 게다. 오래전 내가 이 암자에 왔을 때 난 한눈에 석등에 반해 버렸다. 나한전 앞에서 온몸에 온통 이끼를 덮어쓴 모습으로 조우遭遇했다. 아무 말 없이 시간의 흐름을 읽게 해주었던 석등은 여느 사찰의 석등과 다르게 정겨웠고 편안했다. 영산암을 찾는 사람들을 제일 먼저 맞이해 주는 역할을 맡았는지 입구에서 제일 먼저 눈에 들어오는 위치에 서 있다. 오랜 시간 석등과 대화하며 촬영하였고, 사진을 인화하여 전시회에 출품했던 인연도 있다. 고전미나 세월의 흔적이 없었다면 촬영하겠다는 마음을 먹지 못했을 것이다. 웅장하지는 않았어도 한국의 전통적인 미美와 수백 년 세월을 비바람 맞으며 감내하며 왔다는 사실에 더 정情이 갔고 고귀한 품격을 가진 것처럼 보였다.

요즘 젊은 세대에게 어른들을 존경하는 미덕美德은 많이 사라졌다. 뭐든지 새롭고 빠르게 반응하는 것을 좋아한다. 나이 든 어른들을 '꼰대'라고 무시하기도 한다. 세상이 변하면 변화하는 세상에 맞추어 살아야 하겠지만 늙고 지친 몸이 어디 젊은이처럼 빠르겠는가. 그렇다고 모두 폐물廢物은 아니다. 어른들이 살아오면서 몸으로 습득하고 익힌 노하우know-where는 삶의 지혜가 녹아든 소중한 경험이다. 문제가 발생하면 젊은이들보다 쉽게 대처하고 해결한다. 능력을 발휘하는 것은 힘만으로 할 수는 없다. 이런 사실을 쉽게 인정하려고 하지 않는다. 나이가 들었다는 이유만으로 쉽게 내쳐서는 안 된다. 조상들의 숨결이 묻어 있는 건축물이나 문화유적도 마찬가지이다. 모든 것을 새것으로 대체할 수는 없는 것이 아니겠나.

세계인들이 인정한 우리의 소중한 문화유산이 봉정사에 있다. 그 속에 수줍은 아낙네처럼 요사채 뒤편 끝자락 계단을 한참이나 걸어 올라가야 나타나는 영산암은 우리에게 보물처럼 영원히 기억되었으면 한다. 그리고 우리와 우리 후손들이 대를 이어 보존하고 지켜나갔으면 좋겠다.

영산암 툇마루에 쏟아지는 맑은 햇살은 불편한 것이 아니라 희망이고 배려 같다. 내려가는 길, 소담스럽게 피어난 수국의 풍요로움이 달콤한 향에 실려 달려온다. 머릿속도 개운하다.

스무 살에 선택된 인생길

향기로운 5월의 장미 향기가 코끝을 자극한다. 달콤하고 그윽하다. 향기에 둔한 내 코도 호사한다. 손바닥만큼 활짝 핀 꽃송이는 더없이 탐스럽다. 단순하게 붉은색만 지니지 않았다. 장미의 꽃잎은 오렌지주스 빛깔의 고급스러운 노란색이다. 갓 피어날 때는 노란색이지만 며칠 지나면 핑크빛으로 변하고 서서히 엷어지며 흰색을 띠다가 떨어지는 것이 '프린세스 드 모나코Princesse de Monaco' 같다. 카멜레온처럼 다채로운 색으로 세상을 만났다가 사라져가는 장미의 변신술이 놀랍다. 오직 한 가지 색만을 고집하던 고전적인 장미의 모습은 아니다. 장미의 변신은 우리가 살아가는 세상에서의 삶처럼 느껴진다. 한 가지만을 고집할 수 없어 새로운 변화를 시도하는 것처럼 우리가 살아가는 삶의 항로도 오롯이 한곳만을 바라보고 간다는 것이 쉽지만은 않다.

어린 시절 내 꿈은 교사가 되는 거였다. 장래 희망을 적으라면, 나는 늘 선생님이라고 적었다. 왜 그 많고 많은 직업 중에 선생님만을 고집했는지 모르겠다. 아마도 내가 자라면서 가장 존경하고 최고라고 손꼽았던 인물이 나를 가르치고 보살펴주셨던 선생님이었기 때문인지, 아니면 당시 내가 아는 직업 중에 선생님 이상은 없다고 생각해서인지 기억에는 없다. 그러나 초등학교 시절부터 고등학교 졸업 때까지 생활기록부의 한 칸에는 장래 희망이 선생님이라고 늘 적혀있었다.

고등학교를 졸업하고 나는 취업과 진학이라는 길에 맞닥쳤다. 가난한 농부의 아들은 대학 진학을 꿈꾸기 어려웠다. 현실적으로 불가능했다. 도회지로 나가 자취하며 등록금 내고 다녀야 하는 4년이란 긴 시간을 도와줄 우군友軍이 보이지 않았다. 농촌의 현실은 한해 어렵게 농사지어 한해 겨우 살아간다. 남아있는 가족들의 생계를 팽개치고 대학에 진학한다는 것은 오롯이 내 욕심에 불과했다. 아버지가 한해 농사지은 걸 다 주어도 등록금을 내기에 벅차다. 등록금은 비싸고 농촌에서 돈을 벌 기회는 적었다. 공부하면서도 이 공부를 왜 하고 있는지 회의가 들 때가 많았다. 도서관에서 밤을 지새우며 입시를 위해 잠을 쫓아야 했던 날들이 사치처럼 느껴졌다. 그런데도 대학 진학을 포기하고 싶지 않다는 욕심은 더 크게 꿈틀거렸다. 꿈틀거리는 욕심은 심술보를 가득 가진 놀부의 주머니처럼 부풀어 올랐다. 매일 소 꼴을 베어다 먹여 기른 암소가 언제 새끼를 낳을지도 궁금했다. 대학등록금은 암소가 송아지를 낳아야 가능할 듯 보여서다. 학교가 파하고 저녁에 도착한 도서관에서 매일 밤을 지새고 새벽에 자전거를 타고 집으로 돌아갔다. 돌아가면 세수만 하고 도시락을 챙겨 다시 학교에 가야만 했다. 입시가 다가올수록 고민도 깊어졌고, 마음에는 툴툴 털어버리지 못하고 속만 끓이는 상념이 쌓여갔다. 고민이 쌓일수록 마음은 더 불안해졌고, 부모님과 해결하지 못한 문제가 머릿속을 어지럽게 했다. 머릿속에는 늘 똬리를 튼 채 고개를 바짝 쳐들고 나를 노려보는 독사가 어른거렸다. 그 독사의 모습이 때론 야단을 치시던 아버지의 모습으로 변하기도 했다. 의기소침한 나는 힘들게 입시 공부하면서도 대학에 진학하고 싶다는 말을 입 밖에 꺼내지도 못했다. 현실을 너무 빨리 알아버린 것인지 철이 일찍 든 것인지는 모르지만 아버지 앞에서 대학에 진학하고 싶다는 말을 꺼내는 것이 두려웠다. 뻔한 살림살이가 대학등록금을 감당하기란 무리라는 것을 알았기 때문이다. 왜 우리 부모님은 남들처럼 돈을 많이 벌지 못했을까 하는 원망도 살짝 들기도 했다. 고등학교만 졸업하면 회사에 취직해서 돈을 벌어 오히려 부모님을 봉양奉養해야 한다는 가장 기본적인 의무를 잊어버린 듯했다. 적어도 우리 집에서는 그렇게 해야 했는데….

부모님에게는 말씀도 드리지 못하고 몰래 예비고사를 보았다. 시험장의 분위기는 대학 가려는 친구들의 열기와 초롱초롱한 눈빛으로 가득 찼다. 얼마나 긴장되고 즐거웠겠는가. 그러나 나는 아무 쓸모도 없는 예비고사 보려고 자리를 채우고 있었다. 어차피 좋은 점수를 받든 점수가 나쁘게 나오든, 나에게는 별로 상관이 없는 시험이었다. 어쩌면 그동안 공부했던 것이 아까워 테스트해 보는 것이라고 위안 삼고 싶었다. 어떻게 답을 적었는지 생각할 겨를도 없이 시험이 끝나고 고등학교 3학년의 시간도 마무리되어 갔다.

같이 공부했던 친구들 몇 명은 교육대학에 진학하면서 선생님의 길을 택했고, 나는 서울로 올라가 국민서관이라는 회사에 취업했다. 대학생이 된 친구들이 부러웠다. 내가 가고 싶었던 선생님의 길을 택한 친구들이 얼마나 행복할까 생각하면, 혼자인 것처럼 허전하고 쓸쓸했다. 매일 밤 함께 공부하면서 쌓아갔던 친구들과의 우정도 내가 뒤처졌다고 생각되는 순간 서서히 멀어져갔다. 내 인생의 갈림길이었던 대학 진학과 취업이라는 두 개의 길에서조차 나는 선택

권을 가지지 못했다. 가난이라는 굴레는 내가 만든 것이 아니지만 내 인생길에서 가혹하리만치 아프게 다가왔다. 세상을 다 품을 수 있을 만큼 싱그럽고 열정적이었던 내 스무 살의 인생 항로는 돈이라는 암초에 걸려 침몰하고 말았다.

나는 가끔 내가 선생님이 되었다면 나를 이끌어 주셨던 선생님들만큼 제자들에게 존경받는 스승이 되었을까 하고 나에게 물어본다. 그 물음에는 자신이 없다. 존경받는 선생님이 되었을 것이라는 확신을 못해서다. 제자들에게 존경받는 스승이 되지 못할 바에는 내 인생길에서 교육대학에 진학하지 못한 것이 오히려 잘된 일인지도 모르겠다.

까까머리 고등학생 시절 시골에서 선생님을 꿈꾸던 내가 이제 하늘의 뜻을 안다는 지천명知天命을 넘어서고 있다. 후학들을 가르치고 기르는 것은 사명을 갖지 않으면 안 되는 일이다. 단순히 교육자의 길을 직업으로 선택한다는 것도 바람직하지 않다. 그렇게 보면 교직으로 나가지 못해 스무 살 시절이 꼬였다고 생각했던 내 인생길이 지금에서 뒤돌아볼 때 그렇게 나쁘게 풀리지는 않았다고 위안이 된다. 두 갈래 길에서 어떤 길을 선택하는 것이 바람직할까. 인생을 살아보지 않고는 쉽게 답을 내기가 어려운 숙제 같다.

시래기

아침에 일어나 밖으로 나오니 안개가 자욱하여 십여 미터를 분간하기도 어렵다. 낮과 밤의 기온 차가 크다 보니 가을 안개가 자주 생긴다. 출퇴근 시간에 운전하는 사람들에게는 시야가 확보되지 않아 성가시겠지만, 사진을 찍는 나에게는 이보다 더 좋은 조건을 찾아보기 어려운 풍경이다. 자욱한 안개 속에서 나타나는 몽환적인 분위기의 풍경 사진은 주변의 불필요한 것까지 가려주어 사진의 완성도도 높여준다. 고즈넉하고 몽환적인 한 컷은 사람의 마음을 편하게 해주기에 사진작가들에게 그런 작품을 촬영하기에 요즘이 가장 좋은 계절이다.

잠시 후 몇 대의 차량이 우리 집 쪽으로 몰려들어 오더니 이십여 명이 차에서 쏟아져 나온다. 길옆 단무지 무밭으로 들어가 무를 뽑기 시작했다. 밭으로 들어간 사람 중 일부는 무 끝을 자른 후 뽑아놓고, 나머지 일부는 큰 자루에 무를 담아 넣는 작업을 하는 것이다. 무를 뽑아 머리 부분을 자른 후 중앙에 놓아둔 자루까지 길게 사람들이 늘어서서 일사불란 손에서 손으로 전해져 자루에 담는다. 그렇게 무 수확이 끝나면 얼마 후 사람들이 몰려와 몸통에서 분리된 무청을 가지러 올 것이다.

어린 시절 어머니는 가을이 되면 그늘 쪽 벽에 길게 새끼줄을 매 놓고 그 위에 무청을 가져다가 말리셨다. 추위에 얼었다가 햇살에 녹기를 반복하면서 시래기는 누렇게 말라가면서도 질긴 줄기가 부드러워진다. 그렇게 말라버린 시래기를 가져다 가마솥에 넣고 삶은 후 건져내 주먹만 하게 뭉쳐 두었다가 기름을 넣고 주물러 반찬을 만들거나 된장국을 끓여주셨고, 저녁에는 시래기에 쌀을 넣고 흰죽을 끓여주시기도 했다. 멀건 죽에 그나마 시래기가 있어 포만감을 느낄 수 있기도 했지만, 허기를 달래주는 정도였다. 그 시절에 먹었던 시래기 죽은 별미도 아니고 한 끼 식사를 때우는 가난한 밥상이었다.

그러나 지금 무청 시래기는 현대인들이 좋아하는 건강 반찬으로 인식되며 귀하신 몸이 되어버렸다. 시래기에는 카로틴과 엽록소, 비타민 B, C가 많이 함유돼있으며 식이섬유와 칼슘, 철분이 풍부하며 다이어트 식품이라는 것이다. 또한, 혈중 콜레스테롤을 떨어뜨려 동맥경화 억제 효과가 있고, 간 해독에 도움을 준다고 하니 그야말로 건강식품이다. 무 농사를 짓는 농민들도 예전에는 필요한 몸통 부분만 수확하고 불필요한 무청 시래기는 필요한 사람들이 가져가도록 배려하여 부지런한 사람들은 가을걷이하듯 무청 시래기를 대가 없이 가져다 식재료로 사용할 수 있었다. 그러나 시내 음식점에서 반찬용으로 수거해가거나 무청 시래기를 삶아 판매하는 사람들이 늘어나면서 밭에서 생산되는 무청 시래기를 구하기가 어려워졌다. 무청 시래기를 대량으로 가공하려는 사람들이 밭떼기로 매수해버려 마을 사람들조차 무청 시래기를 얻어가기도 힘들다. 누구를 탓할 수 있는 일도 아니다. 농부로서는 한 푼이라도 더 벌 수 있는

농사이고, 장사하는 사람은 싼값에 맛있는 반찬으로 사용할 재료를 확보할 수 있는 이해관계가 맞아 품귀현상을 빚는 것이니 어쩌랴.

출근하려는데 무밭 주인이 필요하면 가져다가 먹으라고 한다. 해마다 필요한 만큼씩 말려놓고 내가 먹기보다는 주변 사람들에게 보내기만 했다. 아내에게 "무청시래기 필요하면 가져가라는데"라고 일러두었다. 아내가 가져다가 말리는 작업을 할지는 알 수 없지만 조금만 수고하면 맛있는 시래기로 끓인 된장국이 식탁에 오를 수 있을 것 같다는 기대감이 입맛을 다시게 한다. 구수한 시래기 된장국을 기대하며 안개 자욱한 도로를 헤치며 출근한다. 기분 좋은 하루가 되리라.

강대식 수필집

음악회에서 만난 아버지

초판인쇄 2022년 8월 25일
초판발행 2022년 8월 30일

지은이 강대식
사진 강대식
펴낸곳 일광(주)
충북 청주시 상당구 상당로 204번길 12
T.043-221-2948
출판등록 2002-1001-118호
인쇄 일광(주)

저작권자 ⓒ 2022. 강대식
이 책의 저작권은 저자에게 있습니다. 서면에 의한 저자의 허락 없이 내용의 일부를 인용하거나 발췌하는 것을 금합니다.
저자와 협의, 인지는 생략합니다.
잘못된 책은 바꿔 드립니다.

ISBN 978-89-6771-226-6 03810
값 15,000원

이 책은 충청북도 CHUNGCHEONGBUK-DO 충북문화재단 Chungbuk Cultural Foundation 후원으로
문화예술육성지원사업의 일환으로 지원받아 발간되었음.